悦成长
Joyful Growth

U0944665

相信阅读
享受成长

通往哈佛的旅程

[美]陈树燊◎著
王婵子◎译

ARE WE LUCKY OR WHAT?

How We Raised Two Harvard Kids

2016年·厦门

图书在版编目（CIP）数据

通往哈佛的旅程 /（美）陈树燊著；王婵子译．—厦门：鹭江出版社，2016.6

ISBN 978-7-5459-1164-0

Ⅰ．①通… Ⅱ．①陈… ②王… Ⅲ．①家庭教育 Ⅳ．① G78

中国版本图书馆 CIP 数据核字（2016）第 091204 号

TONGWANG HAFO DE LVCHENG

通往哈佛的旅程

（美）陈树燊 著　王婵子 译

出版发行：海峡出版发行集团
　　　　　鹭 江 出 版 社

地　　址：厦门市湖明路 22 号　　邮政编码：361004

印　　刷：北京睿特印刷厂大兴一分厂

地　　址：北京市大兴区星光工业开发区西红门福伟路四条十号　　邮政编码：102600

开　　本：787mm × 1092mm　1/32

印　　张：6.5

字　　数：80 千字

版　　次：2016 年 6 月第 1 版　2016 年 6 月第 1 次印刷

书　　号：ISBN　978-7-5459-1164-0

定　　价：32.00 元

推荐序

Are we lucky or what?
How We Raised Two Harvard Kids

"如何教育孩子，如何成为一个合格的家长"，一直是我们探讨比较热烈的话题。现在不少年轻的父母认为，一定要学习西方的教育理念，对孩子要多鼓励少批评，要平等地与孩子相处，这样才能培养出自信、独立的现代青年。

道理都对，但不能断章取义、生硬照搬。比如我们的传统家教，第一是规矩，看到长辈主动起身迎接、有客人来访主动打招呼，长幼有序。有的家长将这些规矩丢到一边，又没有用西方人对法条和信仰的敬畏来教育孩子，只是一味地溺爱孩子，或者只求孩子成绩优秀，不注重孩子为人处世之道，以此标榜自己的教育方法“现代化”，这是需要警惕的。

不可否认，中国的传统教育未必完全适合当代人。但我们更要认识到，传统教育的核心价值是什么？让孩子在生活的点滴间，耳濡目染，把各种规矩、道理内化为自己的行为，从细节开始，以传统礼仪的庄重感，来培养孩子的教养，帮助孩子在人际交往中形成人与人之间的分寸感，让孩子实现一种自我的道德自觉性。这才是我们传统教育的落脚点。

可以说，只要我们抽离掉其中适应农耕社会的一面，经过现代化改造，传统教育理念正恰逢其时。这一点，很多睿智的家长早已心悦诚服，甚至一些离开祖国，定居海外的华裔父母，也用自己的经历印证了这一点，比如陈树燊先生一家。

陈树燊先生接受的是西方的大学教育，并很早在美国定居。在中西方文化激烈对撞的大背景下，他不同于某些海外华人，消融于当地的文化之中，不再认同作为华裔的自我；他始终对华夏子孙的自我保持着清醒的认知，将当中的精华部分灌注于孩子的教育当中，同时理性看待传统文化的局限性。他认为儒家的诚敬忠恕、文质彬彬的君子之风才是人际关系当中应该有的互动，把他的两个孩子教养成为了西方世界的绅士、淑女；他觉得传统中国人过于内敛，太过专注于自己的安顿，西方人的进取性开创性更可取，于是他把家安在当地人聚集的社区，安排孩子进当地公立学校就读，鼓励孩子交当地朋友……

中国文化常常讲“天下”，何谓“天下”？即光天化日之下。在儒家的普世价值当中，天下只有同一种人文伦理秩序，即“仁”，惠爱众人，没有东西方之分，没有国别之异，没有种族之异。教育也一样。陈树燊先生一家属于西方典型的中产阶层家庭，他们夫妻，像传统的中国夫妻一样，夫唱妇随，在教育当中扮演着严父慈母的角色，运用中国传统教育内核养育他们的孩子。同时，他们也积极吸收西方教育的精华，充分尊重孩子作为个体生命的独立性，培养孩子自由的思考能力，尊重孩子的兴趣发展需求，在孩子的成长过程中用心陪伴；在孩子成人之后，放下所有的担心和不舍，目送孩子踏上新的人生旅程。这一路，他们收获很多，他们夫妻依然保持良好的两性关系，他们的孩子都毕业于美国名校哈佛，在之后的事业上人生上也一路顺遂，并且对父母始终心存感激和爱意。

更重要的是，他们夫妻二人所倡导并实践的“家道”得到了子女们的认可，他们愿意效仿并运用到自己的小家庭中，让自己的伴侣和孩子受益。我想这才是陈树燊、陈素玲夫妻二人留给后代取之不尽，用之不竭的财富吧。

洪宗莹

目录

Are we lucky or what?
How We Raised Two Harvard Kids

Contents

目录

引子

Are we lucky or what?
How We Raised Two Harvard Kids

走进哈佛，并非仅仅是“幸运”

“你是怎样培养两个孩子全部进入哈佛大学的？对于我们来说，能让一个孩子去名校读书就已经很不容易，更不要说两个都进入哈佛了。”

这个问题这些年来屡次被问及，很多朋友都想知道答案。但是如果没有深思熟虑，真的很难回答，所以我只好微笑着说：“我们很幸运！”

然而，真的仅仅是幸运而已吗？从一方面来讲，我们的确是幸运的，我和我的太太是非常合拍的夫妻档，我们能相互协作、朝着共同的目标不断前进，我们还有两个健康、聪明、可塑性很强的孩子；但从另一方面看，取得这样的成功绝不能仅仅归功于幸运，这其中还有一些其他的因素，譬如，我们做出了巨大的努力和牺牲——几乎花了半生的心血来培养他们，我太太放弃了前途光明的事业，做了一名全职妈妈；而我也不得不收敛自己在事业上的雄心壮志，以便扮演好“父亲”这个角色。

有一位中国朋友，他希望他唯一的、现在仅有十岁的儿子将来能够考入哈佛大学，于是便向我们“取经”，希望我们告诉他“秘方”。因为他的坚持，在一次聚会上，我简单阐述了我的育儿心得；几周之后，他又拨通了我的电话，建议我写一本书，希望能更加详细地介绍如何培养出“哈佛孩子”。他说：“这本书在中国一定会热卖！”

当然，我拒绝了他。对我而言，两个孩子就是我和太太用爱精心雕刻的玉石，是我们大半生的作品，我不想借机炫耀或者成为畅销书作家。

每个孩子都有适合自己的路

在育儿方面，我们认为自己并没有什么“秘方”，也没有觉得两个孩子去了哈佛读书有什么了不起。每年有成百上千的年轻人进入哈佛读书，但并不是所有的哈佛毕业生都会有所成就，或者成为好公民。因此我认为高等教育（大学及以上学历）并不适合所有的人，它只适合那些希望在教育、研究及专业领域有所成就的人。而有些人更适合读职业学校，在维修等技术方面学得一技之长，从而成为对社会有贡献的人。然而，现在的社会现实是，对于一份好工作的激烈竞争已经无形中提高了职业要求的水准，这就给大家一种误导，认为教育程度越高，成功的概率越大。这让我觉得很悲哀。

更有甚者，在多年寒窗苦读之后，不但用光了父母的积蓄，还背负了学生贷款，却仍找不到与所学专业相对口的工作，于是不得不退而求其次，去做一些根本不需要大学文凭、甚至连高中文凭都不需要的工作。这些孩子们由于之前太过乐观，以至于现在对所做的事情根本无法适应，于是便感到理想破灭、万念俱灰。这简直是对金钱、时间、人力的极大浪费。

你可能要问我，既然大学未必适合所有的人，为什么还要把自己的两个孩子送进大学读书？难道我们是对他人存有偏见，觉得自己的孩子比别人的强？事实并不是这样。当我们初为人父母时，我们和大家的想法是一样的，也是抱着望子成龙的心态的。如果当时能像现在这样想，我们的做法可能会完全不同，两个孩子也会有另一番人生。不过幸运的是，我们的做法并没有铸成大错，然而很多人却没有我们这样幸运。

如何成为更好的父母

前面说的我那位中国朋友，因为我的拒绝，让他认为自己冒犯了我，而感觉到很不好意思，所以他很快指出我误会了他的意思，并更正道："您的两个孩子不仅去了哈佛大学读书，而且是我认识的最友善、最成功的年轻人，我相信这和您的家教有着密切的关系，那么为何不分享出来帮助一下其他的父母呢？"他赞美的话语让我有些动摇，况且也如他所言，在培养两个孩子的过程中，我们确实是有不少心得的。因此我这次打算接受他的建议，把关于我们养育孩子的故事分享出来。

在动笔写这本书之前，我还是希望征求一下家人的意见。两个现在已经成年的孩子举手赞成，因为他们也即将为人父母，并认为这本书对于像他们一样的年轻父母来说，将会是一本难能可贵的"宝典"。但是，如果真的想让这本书货真价实，我需要孩子们对我们曾经的做法给予反馈，因为他们才是我们教育的最终接受者。就这样，在两个孩子的大力支持和配合下，我不再犹豫，决定写这本书。

然而我的初衷不是为了告诉年轻的父母怎样做才可以让自己的孩子进入哈佛，而是更倾向于教他们如何成为好父母，如何培养出品质优秀、成功的孩子。进入哈佛或者其他名校读书，只是作为好父母的一个副产品，其他方面，譬如有教养、诚实、正直、有爱心，则更加重要，它们才是成功的基本要素。作为父母，如果没有教给孩子这些品质，就不能称为好父母。如果孩子没有教养，就不会被别人喜欢和接纳，他们又怎么会成功呢？如果他们不尊敬、不爱父母，又怎么能值得父母骄傲呢？如果他们只知索取、不知回报，又怎么能成为对社会有贡献的人呢？总而言之，好的父母就是要培养和教育孩子成为好学生、好人和对社会、家庭有用的人。

但是，写一本育儿书和写一本小说是完全不同的。小说是自己脑海中虚构出来的故事，不以事实为基础，是一种艺术创作；而写育儿书，一定要基于自己的亲身经历，绝非想象，必须真实，否则它会误导我们的读者并产生很大的危害。因此，我们向读者保证，我们是一对好父母，对即将讨论的主题有深刻的了解，并且有真实的经历和有目共睹的成果来证明它。

健全的人格和优秀的品德比名牌大学更重要

教家长如何将孩子送进名校，并不是件简单的事。这里面有很多因素：孩子本身的智商、个人能力、教养、所擅长的运动、领导才能、金钱、家庭背景，当然还有运气。每年有不计其数符合条件的学生对名校翘首以待，在众优难择的情况下，这些名校会把焦点放在那些能力很全面，已经在领导才能上崭露头角的学生，他们有责任去寻找和栽培未来的领导者。正是这些人将会对人类做出贡献，并且改变我们的世界。

当然，还有其他一些进入名校的捷径，譬如你很有钱、很有权或者很有名，又或者伪造成绩单和社会活动经历。一些富豪可以捐赠巨款给学校，他们的名字会被刻在建筑物上，其后代也会毫无疑问地被这所学校录取；一些有权力、背景雄厚的人或者名人，进入这些名校也是很容易的，因为名校需要他们的名声来扩大自己的知名度。除此之外，还有一些人，他们凭借伪造成绩和课外活动成果进入大学，对于这种做法，我们不做评说。如绝大多数父母一样，我们既没有钱，也没有权，更没有名气，孩子们需要靠自己的勤奋和天赋来考入这些名校。当然，我们可以挺起胸脯非常自豪地说：我们的孩子进入哈佛完全是凭借他们自己的努力！

很多人想知道我们的孩子进入哈佛的秘诀。我想说很抱歉，要让你们失望了，因为我们真的没有。如果你希望自己的孩子去名校，那么再次抱歉，你失望的概率会更大。因为那些名校的入学率只有不到5%，仅仅比中彩票的概率高一点而已（试想一下，100名优秀的申请者中只有5个人被录取，而这100名申请者中很多都是学校的佼佼者，或者拥有SAT高分的尖子生）。因此，除非你如我之前提到的——非常有钱、有名气或者有权，否则你只能多祈祷你的孩子非常幸运。

不过，事情远远没那么令人沮丧。即使是彩票中奖这种完全靠运气的事情，也需要先买张彩票不是吗？否则连中奖的机会都没有。所以我的建议还是做一些我们力所能及的事情：做一个负责任的家长，给孩子充足的爱和自由，赏罚分明，尽力去培养他。也许他的成就会超过我们的期望呢！即使未来的他不够优秀，我们也不用因为未尽到父母的职责而内疚。

俗话说得好：跳得越高，摔得越狠。培养孩子也是一样，如果孩子没有优秀的品德，你牺牲得越多，失望也会越大。因此，我还有一个建议：请你在把孩子送进大学校门之前，先培养他们优秀的品德，否则这不仅会浪费你们的时间和金钱，还有可能对社会造成危害。同时也请记得，高学历是一把双刃剑，它可以使优秀的孩子更加出类拔萃，也会使意志不坚定的人误入歧途。

育儿之路是一段美好的旅程

为了使本书能够真正帮到各位父母，我常常和太太、孩子们一起回忆二十年来的生活经历以及细节，并把它们整理成更方便阅读的文字。为了方便大家能够更全面地了解我们的教育过程，我们还附上了孩子们的反馈。我们希望展现给大家最真实的经历，以及在这个过程中我们所犯的错误，相信大家也能从中得到更多的启发。

与很多父母一样，我们一边忙着赚钱养家，一边教育孩子，几乎没有事先计划的时间，都是遇到问题的时候，尽自己最大的努力去解决，同时希望能够有最好的结果。基于此，我想提醒大家的是，这本书不是一本教育孩子的圣经，我们的方法也不是唯一的。世上有很多的方法可以培养出一个好孩子，您的孩子和我们的孩子都是不同的个体，况且生长时间及成长环境也有差别。所以这本书只能给大家以参考，具体是不是采用我们的方法，还希望您酌情而定，如果通过它可以减少一些您在育儿过程中的困惑，那将是我们莫大的荣幸。

最后，我觉得我们育儿之路更像是一段旅程，所以我想给这本书起名叫《通往哈佛的旅程》。既然叫旅程，那么就有目的地、旅伴和沿途风景。因此旅程中也必然有鸟语花香，望去分外妖娆，当然也有磕磕绊绊，一把辛酸泪。不过不管是怎样的风景和怎样的目的地，这一路都是满怀爱的陪伴。这一点，我希望能给您最好的借鉴。

第1章

启程：做有准备的父母

这是一段父母和孩子共同奋斗的旅程，所以需要父母做好充足的准备，并且对孩子有充分的信心，才能背起行囊，一起启程。

要想成为好父母，必须在心智上是成熟的。如果父母在心理上还是个孩子，就无法完成生儿育女的使命，不能承担起家长的责任。

我和太太也是在有了孩子之后，才意识到成为好父母的重要性并为之不断努力。我们阅读育儿书籍，学习其他父母的经验，倾听别人家父母和孩子的谈话，从中我们发现了作为好父母的一些共同点——做事从孩子的角度出发，用心陪伴，并且给予他们充分的肯定。

"好人"和"恶人"组合

很久以前，我和朋友去台湾出差，他借宿在一位教授朋友家，我住在附近的酒店，每天早上我去这位教授朋友家吃早餐。有一天，我们正在用餐的时候，这位教授十几岁的儿子过来问我们，是否介意他使用一下洗手间。几分钟之后，这位教授的女儿也同样因为使用洗手间而征求我们的意见。一个主人问客人是否可以使用他自己的洗手间，这件小事让我很惊讶，这两个孩子的良好教养也给我留下了深刻的印象。所以我决定向这位教授请教，如何做到让孩子这么有教养。教授说："如果父亲严厉而有原则，母亲随和而充满爱心，并且两个人能够统一战线，做到不在孩子面前吵架，就一定会培养出好孩子。”回家之后，我采纳了这位教授的建议——我扮演“恶人”，太太扮演“好人”，两个相对立的角色齐心协力却为干好一件事。多年以后的事实证明，这种做法非常有成效。

教授的建议简而言之，就是需要父母既给予孩子充分的爱，同时又给予必要的引导和约束。然而要权衡好爱、引导和约束这三个要素并不是件容易的事。有的父母过于顺从和溺爱孩子，而没有给予约束，这就容易使其骄纵、狂妄；反之，在严厉、苛责、少爱的环境下长大的孩子，会比较自卑、懦弱。两个都是“好人”或者两个都是“恶人”都不能成为好的父母组合。理想的家庭应该是一方给予爱（“好人”），另一方给予约束（“恶人”）。妈妈比较温柔、和蔼，她可以对孩子适当地让步和孩子们打成一片，因此可以让妈妈扮演“好人”；而爸爸通常很严厉，坚持原则，不向孩子妥协，这样才会稳住自己的观点不会来回摇摆，可以扮演“恶人”。虽然两个人扮演对立的角色会比较简单一些，但是一个人（通常是单身妈妈），在这种特殊的情况下，如果自身有足够的不妥协的精神也是可以将两个角色演绎得很好的。

然而，正确引导孩子远没有说起来那么容易，它需要父母有成熟的心智、丰富的个人阅历和教育背景。因为错误引导会使孩子误入歧途，而缺乏引导又会任其自由发展，迷失方向。在这样的环境下，一些孩子可能会侥幸地成为成功者，但大多数会因为缺乏目标和动力而迷失自我。这就像让一个没有任何射击技术的人开枪，也许凭运气会射中目标，但绝大部分的子弹都会与靶心擦身而过。

幸运的是，我和太太很自然地成为“好人”和“恶人”组合的父母。“好人”是我太太，她是一位温柔可亲的好妈妈，最重要的是她非常喜欢孩子，并且愿意包容他们的一切；她有着真诚而让人愉悦的笑容，对孩子们永远怀有耐心，她还有一双温柔的手，能让垂头丧气的孩子重新充满活力。理所当然的，“恶人”

的角色就落到了我身上，因为我经常很严肃，尤其心情不好的时候。

很多父母好奇我们和孩子的相处方式，我认为倒不妨说出来供大家借鉴一下。在家里我和太太一般分工合作，我负责立规矩，制定“方针”，例如时间的安排，应该做什么，要达到什么目的，等等；太太则兼任孩子们的好朋友和我的“遥控器”的角色，负责引导孩子执行我制定的“方针”，并使孩子们努力、自动自发地达到预定的目标。如果他们在执行中遇到了困难或者中间有逆反情绪，太太就会帮助他们解决问题，或者引导他们寻求帮助。她给予孩子们爱和引导，但需要立规矩时，她却说是我的主意。这种方法避免了我和孩子们之间的正面冲突，而我也通过太太这个“遥控器”间接地约束着孩子们。

我们都知道，除非孩子非常乐意和有兴趣，否则强迫他们去做一件事往往会事与愿违。太太是个很有耐心的人，能够和孩子们像朋友一样相处，深得他们的信赖。因此，有了太太的引导，孩子们很少有不乐意做的事情。她深得寓教于乐的要领，让孩子们在开心的游戏中学会了很多知识，这使得我们的孩子在上学前便有了很好的基础。之后她鼓励孩子们自发、自主地学习，经常与他们促膝谈心，聊一些他们喜欢的话题，热情招待他们的朋友，这样一来，便能更好地了解了他们的情感及想法；同时，她还教导孩子们要遵守时间和约定，谦虚有礼，做人不能过于功利，帮助他们养成良好的饮食习惯。最重要的是，她使我们的家充满了爱和温暖。

我时常佩服太太的耐心，并且羡慕她和孩子们之间友好的互动。她常对孩子们说："有你们这样的好孩子，妈妈真的很开心！"而孩子们也回应她："妈妈，我们会永远让您开心的！"

久而久之，孩子们和妈妈建立了一种亲密的关系。在家时喜欢和妈妈聊天，在外读书时每天晚上和妈妈通电话也成为必要的功课，聊天内容大多是生活学习中的日常事情，比如他们做错了事情，交错了朋友，心情不好，或者学习压力太大，等等。但即使谈论的是一些小事，我们在和他们沟通的时候也会始终保持耐心，并给出自己的看法和建议。

尤其在孩子们上了大学以后，我和太太晚上散步时都要聊一聊他们的事情。她会把孩子们近期遇到的事情或者难题告诉我，有时也会希望我能给出一些建议。这是个不错的方法，因为她每天都和在哈佛读书的孩子们通电话。通过她，我能清楚地了解孩子们的近况，并且和她一起商议后，为孩子们提供必要的帮助。

我和太太虽然共同生活多年，也难免会有思想、意见不一致的时候。遇到这种情形，我们会平心静气地讨论，彼此做一些退让，尽量双方达成一致。

比如在一次电话聊天中，我们得知女儿想在新年假期与同学去巴哈马玩一个星期。我很反对，因为那里是年轻人胡混的天堂，尤其是在新年假期。我虽然相信女儿不会去做不正当的事情，但在那样复杂危险的环境中，谁也不敢保证她不会受到任何伤害。可太太却觉得女儿已经是大学生了，有独立生活、判断是非的能力，放假和同学去游玩无可厚非。但是听了我关于安全方面的分析后，她才认同我的观点，最终我们开心地达成一致——虽然没让女儿去巴哈马，但是我们提议让姐弟俩去英国旅行。我知道，如果没妈妈的爱，我们的家不会如此温暖，孩子们不会这么优秀懂事。因此，我会尽量做出让太太和孩子们都满意的决定。

爱与规则的权衡

经常观察和分析身边的亲子关系，让我受益良多，通过他们或成功或失败的经历，我学到了该如何采纳那些好的做法，又有哪些做法是需要规避的，从而更好地提升我们做父母的水平。

在我们周围，有这样一些父母，他们和绝大多数人一样善良，对孩子也充满爱心，可是孩子却差强人意，终未成器。原因何在呢？归根到底，是因为他们给了孩子太多的爱，却没有树立规则。这就如同一个不专业的园丁，给花草浇过多的水、施过多的肥，花草却最终因水或营养浸泡过多而死亡。

我们以前的一个邻居，两代人都是做律师行业的，家境殷实，夫妻俩很纵容两个孩子，孩子们要什么就给买什么，对孩子的言行举止、学习习惯等却疏于管理。虽然孩子们都就读于昂贵的私立学校，成绩却差强人意，中学毕业后便退学回家，现在一个是货车司机，一个是无业游民。在家里，他们经常和父母吵架，出门对邻居也没有基本的礼貌，每天只和一些狐朋狗友厮混。父母为此也很苦恼，但是毕竟孩子都已成年，再想对他们严加管教也无济于事了。

有些父母会说："我们对孩子其实是非常严格的，比如我们会要求他这样做，或者那样做不行等，都明确对孩子说过的。”但是所谓的约束和规则，并不能仅仅停留在口头上。比如一些父母经常大声呵斥和吓唬孩子，却很少付诸行动，长此以往孩子也是管教不好的。当父母的应该不说则已，一说必须执行，即中国古人说的“言必行，行必果”，果断地让他们尝尝后果，比在一边一直用语言恐吓有效得多。

曾经在一个圣诞节，我们全家到外州去探望朋友。因为第一次到那里，朋友便请他的侄儿汤姆为我们做向导，去各个景点参观游玩。一路上，汤姆的儿子在车里大声喧哗，滚来滚去，前后翻腾，大家都被吵得心烦意乱。汤姆对儿子口头警告了无数次，比如，“你再吵我就把你丢到车外去”“你再吵我就不让你妈妈给你做晚餐”之类。但那个孩子都当成了耳边风，丝毫不理会，依然我行我素，大吵大闹。事后我对朋友说：“你侄儿这样教育孩子是不对的，他的儿子将来一定会出大问题。”果不其然，25 年后的今天，他的儿子 33 岁了，大学没有读完，也没有固定的职业，仍然住在父母家里，成为名副其实的啃老一族。不仅如此，他还用小时候父亲恐吓他的方式来对付自己的父母，经常对父母大吼大叫，连恐带吓。其实，这个孩子会有这样的言行是可以提前预见的。

很多父母都会在对孩子忍无可忍的时候，失去理智、歇斯底里对他们怒吼："别这样做！""我警告你多少次了！""如果你再这样，我就扒了你的皮！"……但不断的警告和毫无目的性的恐吓，对孩子们来说都只是空话，虽然他们觉得父母真的生气了，但因为没有受到确实的惩罚，所以他们慢慢对这种愤怒和吼叫习以为常，依然我行我素，甚至会变本加厉。

而当父母对孩子愈演愈烈的行为忍无可忍，动用"武力"解决问题的时候，孩子就会因为无法接受这一事实，采取极端的措施与父母对抗，比如离家出走。

这样的案例在美国每年要发生成千上万件，这是多么让人揪心的数据啊。如果父母在孩子童年时期就经常给他们树立规则，让他们品尝一些"苦口的良药”，知道犯错的后果，那么这些悲剧都是可以避免的。

其实，我们中国人是非常讲究长幼尊卑的。我认为，在家庭、组织甚至社会结构中，这种秩序和规则都是必要的。记得在料理完母亲的葬礼之后，我们兄弟姐妹共 6 人在父亲家商量家事，当时 62 岁的大姐指责爸爸说：“你脾气暴躁，没有好好待妈妈，她的死都是你一手造成的！”这时，因为妈妈的离世而极度悲伤的爸爸，突然对大姐扇了一个耳光，又愤怒地砸碎了一个烟灰缸，碎玻璃扎伤了他的手，鲜血直流。面对这样一场史无前例的家庭风暴，我们都不敢出声，乖乖地坐在那里一动不动。但即使挨了打，大姐也没有负气离开，更不要说夺门而出了。晚饭时，她还在父亲旁边默默地为他夹菜。我们都明白，这样惹父亲伤心和恼怒，她内心多么难过和自责。

也许你会说我父亲做得很过分，甚至可以用残暴来形容。但是在他成长的年代，顶撞和指责长辈理所应当要受到这样的惩罚。父亲曾经见过他的叔叔（当时已经 57 岁，并且是三个孩子的爷爷了）因为冒犯了奶奶，跪在床前好几个钟头祈求她的原谅，直到她重新回到饭桌吃饭。当然，我不是主张对孩子用这种极端的惩罚方式，但是我相信适当的惩罚措施是立规矩的必要手段。孩子们必须先学会在家守纪律，走向社会才遵守法律。我们需要做的是把这些惩罚措施处理得更人性化，而不是完全摒除，一味溺爱。

有一个老太太曾告诉我，她存了两个月的钱，打算给她的孙女买名牌球鞋，我很惊诧。面对我的诧异，她说："现在的年轻人都追求名牌和潮流，别人都穿，她自然也需要。"我问她为什么不趁此机会告诉孙女，这个年龄应该勤奋读书，而不是追求物质享受。她说："那样她会不开心的。"我便没再说什么，因为她只会讨孙女开心，并不为她的前途着想。据我所知，她的孙女后来没有读大学，很年轻便结婚了，生了很多孩子，生活很穷困，这个结果也是在意料之中的。

还有一些家长，在孩子犯错的时候，不去及时引导，反而为他们找借口，类似“其他孩子都是这样的”或者说“他们那些朋友们也都这样做”，又或者说“时代不同了，是我们自己落伍了”……并不是父母分不清是非对错，而是他们总是以爱的名义为孩子找借口，这样会让孩子在错误的路上越走越远。

我明白很多家长，因为都是全职工作，很少有时间和孩子们待在一起。于是他们不愿意将时间花在为孩子立规矩上，而是更倾向于和他们愉快地相处。想与孩子做玩伴当然是件好事，但在必要的时候还是要有规则。作为玩伴的父母必须也是有原则的父母。在这里要强调的是，培养孩子的服从意识，其意义远没有我们想象的那么消极——让孩子尊重权威是在为他树立榜样，培养他们成为成人（权威或父母）的意愿。

当然，我认为发展全方位的亲子关系也是很重要的，我们不仅仅要让孩子“害怕”我们，也要让孩子爱我们。因为孩子的行为不端而惩罚他是可以的，但要注意的是，不要做得太过，比如在公共场合不顾孩子的颜面或者用羞辱的方式对孩子进行惩罚，这些做法都会使孩子失去自信、憎恨父母。成为玩伴式的父母再简单不过了，任何人都可以成为孩子的好朋友。但是作为父母不能仅仅作为孩子的好朋友，父母就是父母，并不是朋友，只不过可以有良师益友的那一面而已。

张弛有度，培养优秀品格

我所理解的糟糕的父母有两种：一种是愚昧无知的，另一种是过分关注孩子的。这两种人不适合为人父母。

所谓愚昧无知的父母（与所受教育程度无关）就是那些毫无常识或者根本没有学习习惯或者热情的人。他们以为做父母天生就会，并没有认真思考过“我应该做一个怎样的父（母亲）”或者“我应该如何成为一个好父（母亲）”，更没有为之进行认真系统的学习。

很多年轻的妈妈第一次怀孕会不知所措，为了宝宝的身心健康，可能会听信一些没有根据的传言，比如怀孕的时候吃猪脑，可以使孩子更聪明；给胎儿听多国语言的录音，宝宝出生后就会讲多种语言；快速翻书而不是阅读，孩子会成为作家；让孩子手握冰块几个小时，可以锻炼他们对疼痛和困难的忍耐力；把孩子锁在黑屋里，可以锻炼他们的勇气……妈妈出于对孩子的爱而担忧，是可以理解的，但是我希望所有的妈妈都能够相信科学，时刻保持良好的心态。

我们完全不相信这些。但是我们通过学习、甄别后会知道，孕期妈妈的身体和精神状态对胎儿有很大的影响。在怀孕期间，我太太从不喝咖啡、茶和酒，而是多喝牛奶、吃健康食品，经常散步；同时，远离那些不开心的事情——做自己喜欢的事儿，去一些能使心情愉悦的地方……这些都能给孩子的身心做好健康铺垫。

至于那些过分关心孩子的父母，我认为他们是需要心理上的帮助的。他们太爱孩子了，但是方法并不恰当，以至于区分不出对与错，经常做过了头却浑然不知。我曾经见过一位家长让她的孩子在一间豪华商场的地毯上小便，因为她觉得要走 5 分钟去厕所对于她女儿来说时间太长了，会憋坏她的膀胱；我还认识一位家长，她觉得大学的宿舍太脏，根本不适合她的女儿住（其实并不脏，是她视自己女儿如公主，要求过高而已）；也有人跟我说，背着装了几本书的书包走路 15 分钟去学校，会伤了她 20 岁女儿的背……

有些家长跟我说，自己的孩子怯懦、娇气，甚至懒于参加社会活动或工作，做父母的尝试各种办法但却没有结果，他们会很沮丧地问我："我们也知道孩子品格教育的重要性，可是这种教育应该在什么阶段开始呢？"在我看来，这种品格在孩子的成长中开始得越早越好，尤其是关于坚强和勇敢的品格教育。

第1章
启程：做有准备的父母

我的女儿和儿子分别是在10岁和7岁的时候开始学高尔夫的，从一开始，他们就背着30磅重（大概27斤多）的高尔夫球具，在球场上一走就是几个小时。有时候为了有资格参加比赛或者在比赛中取得好成绩，他们常常在炎热酷暑的午后，或严寒冬日的清晨，都要背着笨重的球包跑去比赛场地。但为了自己的爱好，他们都毫无怨言地坚持着。记得那是一个潮湿闷热的下午，我带着我的父亲去看孩子们打球，我们两个开着高尔夫球车，而孩子们背着球包徒步行走。像其他宠爱孩子的祖父母一样，他很难接受眼前的情景：孩子们背着几乎和他们一样高的球包，在骄阳下缓慢地行走并且汗流浃背，显得挺艰苦的样子。

“为什么这样折磨他们？他们会累坏的。”他不停地跟我抱怨。

“爸爸，这不是折磨，而是磨炼！”我回应道。

“不管你怎么说，这终究对他们是不好的，会伤害他们的背！”父亲依旧很坚持。

后来因为这件事，我和爸爸不欢而散，我们仅打了三个洞就回家了。当时我在心里很庆幸他不与我们同住，否则，我们的孩子很可能就会像其他孩子一样，被爷爷奶奶每天娇惯，变成“温室里的花朵”了。不可否认，我们的父辈很爱孩子，但是他们有着上一代固有的观念，并且很难被说服。这种两代人的差异在没有办法达成一致的情况下，父母当然应该对子女的教育负有第一责任。也就是说，如果你发现孩子有被惯坏的迹象，你就要反省自己对孩子教育的有效性，而不是去责怪上一代人哪里做得不对。

还有一次，当时只有 12 岁的儿子，穿了一双新球鞋去参加一个为期三天的青少年高尔夫球锦标赛。第一天比赛中，他的双脚就磨出了血泡，脓血粘住了袜子，走路一瘸一拐，可以想象他有多痛。在这种情况下，可以断定儿子赢不了这场比赛。比赛时，太太满脸怜惜，不停地问儿子痛不痛，要不要创可贴，要不要喝水等，关心到无微不至，但我们谁都没有建议他退出比赛。

出乎我意料的是，儿子主动说他的脚不是很痛，可以坚持参加比赛。我和太太都感到很欣慰，因为能参加这么重要的比赛是非常难得的体验，更重要的是，儿子在受伤的情况下，依然坚持不放弃，不半途而废，即使比赛结果是最差的，他也是我们心里最勇敢的小英雄。

第一天，比赛成绩果然不理想，打了 78 杆，比正常水平多了 6 杆。我和太太都觉得他的成绩已经很好了，但是他却闷闷不乐。他看似满不在乎地和球友聊天，但我们能感受到他的挫败感。当晚，太太除了替他料理脚伤外，还尽力开导他，给他打气。

第二天，儿子脚上的伤好些了，成绩也大有改进，比正常的水平只多了 1 杆。两天的总排名中，他比第一名多出 10 杆，虽然赢的可能性不大，但是我们大家都很高兴。

到了第三天，他的脚伤基本痊愈，挥杆的姿势正常了，心情也平静下来。我们跟着他，也看得很开心，因为他很少犯错误，结果打了 70 杆，比标准低了 2 杆，三天的总成绩 221 杆。虽然不是名列前茅，但在 80 多位竞争者中排名第 17 位，也算是很好的成绩了。

当天晚上，我们为儿子举行了一个庆功宴，我和太太都对他夸赞了一番。在夸奖中，我们明确地表达了这次庆功并不是庆祝他在本次比赛取得的成绩，而是庆祝他不轻言放弃的奋斗精神。我们感到非常骄傲，我们的儿子很勇敢、很坚强。经过这么多年风吹雨晒的洗礼，他练就了刻苦耐劳、坚持到底的优秀品格。

这件事虽然过去了很多年，但依然深深地刻在我的脑海里。授之以鱼，不如授之以渔。作为父母，我们应该让孩子知道，努力奋斗、永不放弃的精神远远比一时的名列前茅重要得多。到今天，孩子们这种锲而不舍、不轻言放弃的精神一直是都我和太太深感欣慰的事情。

第1章
启程：做有准备的父母

父母的陪伴无可替代

不是所有的妈妈都有条件和勇气放弃工作在家当全职妈妈。为了生计她们不得不去工作，而孩子只能交给保姆或者幼儿园。但我和太太一致认为，这不是长久之计。保姆或者幼儿园老师不可能给予每个孩子同等的关注与关爱，这会让有些孩子觉得自己被忽略了，如果在家中再得不到父母更多关爱的话，可能会导致青春期的叛逆。

教养孩子对每个家庭来说，都是个很棘手的问题，我们也曾因此伤透脑筋。让太太辞去工作专职带孩子，不仅岳父母不同意，她本人也很难接受。因为那个时候，她通过无数个挑灯夜读的努力，刚刚拿到一个很重要的学位，这对她的事业有着非凡的意义。我只好开导她：我们读大学的目的是为了自我价值的实现，工作的时候，我们的学识恰好用在了业务上；而做全职妈妈，受益的人就是我们的孩子。有一位高素质妈妈的陪伴，孩子将会有得天独厚的优势。经过一番思想斗争，她觉得孩子比自己的事业更重要，把孩子交给保姆照顾自己也会不放心，于是决定放弃事业回家做全职妈妈。

其实面对这样的改变，我也曾内心忐忑过，也担心只靠自己一人的收入能否撑起这个家。但我父亲却认为："一个男人结了婚还要让妻子抛头露面工作养家，那么他就不是顶天立地的大丈夫。"虽然我非常不认同他的话，因为我们这一代人很多都认为女性也有实现社会价值的需求，她们对事业的追求也应该被尊重被认可。但是出于当时的家庭现状，为了能给予孩子更多的陪伴，我们不得不做出这样的选择。

当然，这并不是唯一的选择。我觉得如果夫妻双方都愿意多付出一点点的话，就能够找到事业家庭兼顾的办法。比如，一个人上白班，另一个人上夜班，这样就总会有人在家陪伴孩子。有个朋友就是很好的例子，他自己是银行职员，太太是护士。有了小孩以后，太太就改上夜班了，白天照顾孩子，而我的朋友白天工作，晚上照顾孩子。这样的心血没有白费，他们的两个孩子都聪明可爱，懂礼貌守规矩，长大后都进了州立大学读书。当然，他们这样的安排并不适合所有的父母，而且夫妻分离的时间比较多，很多人不喜欢。但是这样做的好处也很明显，少见面也会少吵架，这未尝不是一个夫妻可以和平相处的好方法。如果真的决定留一个人在家全职照顾孩子，那我们能做的就是忘记那些奢侈的东西，靠一个人的收入来维持生活。

但在很多国家，譬如中国，只靠一份薪水来养活一个家庭可能还是有一定困难的，而且也没有合适的、足够多的兼职和夜间工作的机会。在这种情况下，如果家长们仍然希望兼顾自己的工作，那我建议在工作之余我们尽可能多陪伴孩子，比如减少不必要的社交活动或者尽量不加班，等等。孩子需要父母的爱和引导，只要爸爸妈妈在忙碌之余能有效地利用这些有限的时间，使孩子时时感受到被爱、被关怀、被帮助，也是不错的选择。我认识的几个单亲妈妈都是这样做的，她们的孩子也都非常的优秀。

作为过来人，我深知为人父母之后的各种艰辛和困惑，因此建议大家在决定要孩子之前，问自己几个问题：自己真的喜欢孩子吗？生了孩子之后，我们有足够的时间照顾他们、引导他们成长吗？我们有足够的经济能力抚养他们、教育他们吗？我们能成为孩子的好榜样吗？如果答案是肯定的，那就义无反顾地要吧；但如果有一项答案是否定的，我们都应该审视自己，积极地去学习、成长，然后再要孩子。否则，我们就是在为自己和社会增加负担，因为教导无方的孩子非但不能为社会做出贡献，反而需要国家和家庭来养他们。在这人口过剩的时代，社会实在不需要这样的人。不要再说“养儿防老”，在很多国家，养老完全可以依靠自己的积蓄和政府的福利来实现。

第1章
启程：做有准备的父母

引导孩子勇敢地站在东西文化的交汇点

我和太太都是在中国出生，长大后到美国留学，因此对东西方这两种截然不同的文化有着切身的体会。西方文化崇尚个人主义，自由独立，喜欢冒险，极富创造力；而东方文化更喜欢群体活动，注重传统礼节，性格相对保守。

作为家族中第一代移民，我们初来美国时真的很难适应，两国文化差异在生活中无处不在。起初和美国同学去看电影，跟在国内一样，为了显示自己的慷慨大方，我每次都抢着去排队买票，而拿到票以后，对方也只是淡淡地说声“多谢”。如此“慷慨”几次之后，我想看看他们是否会“礼尚往来”，于是后来再买票的时候我便借故避开。而让我惊讶的是，他们最终只为自己买了票。来自礼仪之邦的我，起初很是不解，但天长日久，我才知道这是一种文化差异。

也许因为我本人喜欢冒险和挑战，对事物抱有很强的好奇心，对西方文化的接触也更多一些，所以我的朋友以美国人居多。有些中国朋友总跟我抱怨说，在美国社会被白人歧视：去餐厅吃饭遇到服务生服务不周说是人家歧视他们，在公司得不到提拔则归结为自己不是白种人……我觉得真正的原因是，他们没有尝试着适应这个地方的文化、风俗。多数中国朋友还是习惯下班后便立即回家，周末也很少参加派对或者其他活动，尤其是美国朋友组织的活动。他们的朋友聚会仅仅局限在华人圈，更别说花时间和美国老板、公司高层、客户在一些非正式场合打交道，比如喝酒聊天、打高尔夫或者去参加他们的私人派对。在我上大学的时候，有些中国同学从不到食堂吃饭，还经常在宿舍的房间里煮从家里带来的咸鱼、腊肉之类的食物，弄得整个宿舍臭气熏天，其他同学都要掩鼻而过。我想，这种不顾及他人感受的行为和不主动融入的姿态才是被人歧视的原因。既然我们选择了美国生活，就要适应这里的环境，尝试接受新事物和新朋友，而不是局限在原来的圈子里。而他们的这种局限性很大程度上是内心的不自信。

但这些对我们来讲从来都不是问题。因为我一直为自己是个中国人感到自豪，中国文化从来就是世界文化不容忽视的一部分，有时候我还会有点自信过头，暗暗想过类似于“华夏民族是个大民族，世界上每五个人就有一个是中国人”“我们有什么理由被别人歧视呢”等念头。不过在我们周围确实很多移民都存在自卑感，觉得被白人歧视，这种心理习惯其实对他们的子女也会有影响。他们的子女绝大部分虽然是在美国出生，一样也会有无法融入美国社会的感觉。

因此，在教育孩子的过程中，我们很注意这一点。除了在家培养他们的自信心，我们还鼓励孩子们多和外国人接触和交流，自然而然地融入美国的生活，这样便能更好地理解和吸收西方文化。但同时，我们也时刻提醒孩子们，自己是一个中国人，对于中华民族的优良传统，比如尊老爱幼、礼貌待人、孝敬父母等要时刻铭记在心。我们还会心平气和地给孩子们分析两种文化的特质和差异，评判一些利与弊，让他们在学习的过程中尽量多取其长。但我们不会让他们在形式上刻意去表达什么，比如非要穿唐装等。一切都是既来之则安之的心态，所以，两个孩子在这方面几乎没有碰到过什么烦恼。

| 孩子们的反馈 |

玛诗：在成长过程中，妈妈一直都像朋友一样陪伴着我们，鼓励我们去尝试任何想做的事情。仅有的几次和我们想法不一致时，她都会很委婉地劝告我们。她会说："你们最好不要去做，因为爸爸是不会同意的。"然后向我们解释爸爸反对的原因。她用这种委婉的方法让我们意识到错误，并不会让我们因分歧而发生争执。

妈妈总是把我们打扮得很得体，但从来不给我们买名牌衣服。她经常说：“一个人的外在美并不重要，重要的是他的内在美！”她让我们明白，丰富的学识和修养才能使一个人更加美丽可爱，所以我们从来不追逐潮流、羡慕别人穿名牌衣服，而相对保守的穿着也帮我解决了一些麻烦，比如没有太多男生邀请我去约会，而我则有更多的时间去读书，以及练习高尔夫。

家荣：先和大家分享一个好消息：两个月前，我们的第一个孩子——陈劲兆出生了，我也光荣地晋升为爸爸！说到爸爸的“好人”和“恶人”的方法，我会持保留意见，因为跟爸爸不同的是，我很喜欢孩子。每一次出差回来，都恨不得马上飞回家抱儿子。有时候我在想，如果爸爸能再和蔼一点，我会不会有另一种人生呢？当然，这个问题永远也不会有答案了，至少现在来看，爸爸的方法还是很适合我的。

不过我想去尝试一些不同的方法来培养劲兆，但不管采用什么方法，有一点是不容改变的，那就是要给孩子立规矩，并且在任何情况下都要坚持原则毫不动摇。如果非要我在“严厉的父亲”和“朋友式的爸爸”之间只能选择一个的话，我也会牺牲我们的友谊来做一个令他敬畏的爸爸。

第2章

教孩子就像当“农夫”

Are we lucky or what?
How We Raised Two Harvard Kids

中国著名教育家叶圣陶先生曾经说："教育是农业而不是工业。"顾名思义，教育就像农业一样，是一个用心培育的、长期的过程，而不是像工业一样批量生产，迅速出炉。养孩子就像种庄稼，浇水，驱虫，施肥，用心栽培，不能心急。如果没有给予充足的水、阳光、养料，庄稼就会荒废；反之，如果一味地给予，庄稼也会因为营养过度而糜烂。教育孩子也是一样的道理，父母要考虑应该宠爱孩子到什么程度，需要用多大的力量来鞭策他们前行，什么时候需要修正前进的方向，什么时候需要严格管理，什么时候要让孩子自由发展，严格到什么程度又自由到什么程度，等等。虽然孩子不会因为我们的做法失当像农作物一样死亡，但是他们确实会因为我们的溺爱或者忽视而无法拥有幸福的人生。

每个孩子都有自己的天赋

孩子小的时候，很多家长都试图发现他们的特长和天赋。我和太太就曾做过这样一个测试：拿一张图片给孩子看，图上是一个酒店的走廊，白色的天花板、白色的地面和墙面，墙上除了两侧各有一排门以外别无他物。这幅图对于大人来说，都很难分辨出哪个是正确的方向。但是无论以哪个方位给我们 8 个月的女儿看，她都能把图片转到正确的方位。每当这时，我和太太都会因为女儿的聪明而无比骄傲和激动。

但是到了我们的儿子那里，事情变得有点不太一样。当他 8 个月大时，我们也给他同样的图片，他却只是拿着什么都不做。为此，我和太太有点小小的沮丧。但是，我们从来没有因此评价他笨或者放弃他，我们依然相信他有自己擅长的东西。他是一个很乖的孩子，从不哭闹，可以好几个小时安静地看姐姐练习滑冰。直到有一天，我们发现他竟然会倒着写自己的中文名字，这对成年人来说都很困难。所以，我们猜想这就是他独特的地方。为了证明这一点，我们把一张画有鸭子的图片倒着给他，他很快便喊出来："鸭子！"接着，我们又给了他一张左右放颠倒了的狮子的图片，他又很快叫出来："狮子！"就这样我们又试了几次，儿子都能快速给出正确的答案。我和太太非常欣慰：儿子一点都不笨！他只是跟女儿不一样而已。

所以，我们坚信所有的孩子都是有天赋的！他们一定在某个方面有超凡的能力，可能有的擅长体育，有的擅长音乐，有的擅长科技，等等。作为家长，我们必须尽自己所能来发现孩子的天赋，并且尽最大的努力为他们创造机会扬其所长。当然，不是所有的父母都有经济实力给孩子机会去尝试很多兴趣，例如钢琴、滑冰、跳舞、唱歌，还有高尔夫等。这上面的每一项可能都意味着不菲的花销。但是，也不乏一些免费或者花费很少的项目。我们需要做的是尽自己所能让孩子尽量多尝试并发现他们的兴趣所在。

现在很多父母希望自己的孩子成为超级天才。由于孩子不多，自己也有精力和金钱，所以往往在孩子还是婴儿的时候就给他们报了好多不同的课程。他们往往不考虑孩子学的东西对他们是否适合、是否有用，更不理会孩子是否有兴趣，往往是流行什么便学什么。结果一星期七天，孩子每天从早到晚都在上课，忙忙碌碌，根本没有时间和爸爸妈妈好好待在一起，更别提自由自在地“瞎玩”了。这种做法最大的悲哀在于，孩子根本没有时间成为一个“孩子”。

我们有个朋友就是如此。她在女儿还不到一岁时，就带着女儿去参加娱乐班、游泳班；后来孩子两岁去了托儿所，三岁上幼儿园，同时又开始学钢琴、舞蹈、绘画。她自己和孩子都忙得不可开交不说，就连爸爸也把周末的时间全花在送孩子上课的路上，东奔西跑，比工作还辛苦，一家人根本没时间享受“在一起”的天伦之乐。

这样的做法磨灭了孩子的天性，剥夺了他们享受童年的机会，我认为是不可取的。对于这个小女孩来讲，虽然她学会了很多技能，但已失去了天真无邪的本性。在接触这个小女孩的时候，我常常能感觉到她的闷闷不乐，对很多事情缺乏热情，说话也和大人一样老练，行为举止不像个小孩。这种“超级天才培养方案”根本没有依据孩子的天赋去培养，这就有点像你明明养了一只鸡可你偏要让他像鸭子一样会游泳。不顾孩子的特性一味地进行填鸭式训练，最后孩子可能会像这个小女孩一样，虽然会很多令人称羡的技能，却失去了对生活的热情和天真无邪的本性。

让孩子自己做主

“单单爱孩子，是母鸡也会做的事情，可是要善于教养他们，却是一桩伟大的公共事业。”为了找到并培养孩子们的兴趣和特长，我和太太付出了不少的心血。为了让大家更好地参照，我将从三个阶段来进行介绍。

（一）幼儿期

在入学前班以前，我们主要以孩子开心为主，很多事情都由我们自己完成，而不是去选择特长班。比如，太太教孩子们唱歌、弹钢琴、写字、读书；我教他们游泳、骑脚踏车；我和太太一起带他们打球、荡秋千。彼此开心，是培养亲子关系最重要的一环。这一阶段，我们不但要做他们的父母，还要做他们的老师和朋友。

（二）小学和中学时期

这是让孩子拓展兴趣爱好的重要时期。小学生的功课不紧张，有很多课余时间来做其他事情。这个阶段，我们带孩子去学滑冰、舞蹈、游泳等。但并不是同时学，而是学完一个课程后再开始第二个，以免占用太多业余时间，影响了他们的学业和身心健康。在课程选择上，我们也不是要孩子们什么都学，更不是流行什么学什么，而是让他们去尝试一些对他们前途有帮助的、适合他们体型和性格的课程。

值得一提的是，我们的两个孩子对这些课程都不感兴趣，尤其是儿子，他非常厌恶跳舞。但后来学习打高尔夫，姐弟二人从一开始就表现出浓厚的兴趣。学了一个月以后，我们发现他们在这方面确实很有天赋。

兴趣和天赋同在，是一件难得的事情。看到他们姐弟很投入地练习高尔夫的样子，我们便决定让孩子们把这项有益于健康的运动持续下去。我们希望他们成为职业球员，这样一来即使不成功，他们的经历也会对进入名校有很大帮助。于是，我开始请教练，鼓励他们参加青少年组比赛，为提高技能申请加入私人俱乐部。这个时候我们才知道，高尔夫是一项高投资的运动，入球会、买球杆、衣服、球鞋都是不小的开销。如果参加比赛，除了机票、租车、酒店外，还需要一个成年人陪同，这样算下来开支更是大得惊人。而且，我们的孩子是一男一女，男生和女生的比赛往往在不同的地方，所以很多时候是我带一个参加比赛，太太带另外一个参加另一场比赛。于是，比赛的开销在我们家更成了双份。但是只要对他们的成长有利，我们都觉得这种付出是很值得的。

（三）大学时期

孩子们进入大学后，我们便“退居二线”，不像之前那样过多地干预他们的成长，只在必要时给予一定的建议。因为他们都长大了，可以为自己做主，懂得进退，也明白其中的分寸了。

但值得提醒的是，在这一时期 ，父母给孩子提供帮助的时候要多加小心，一定要确保孩子们能从中获得积极的、正向的东西。如果仅仅是因为你买得起，那么请不要过分给予孩子物质上的满足，譬如昂贵的玩具、最新的小玩意儿、名牌的衣服等等。我们的一些朋友，不仅给孩子们的房间装上了电脑、电视、音响，还给他们买了手机，甚至孩子一成年就买了汽车。在我看来，这种予取予求的行为太没有原则了。他们当中有些人几乎不会拒绝孩子的请求，有些则是想通过物质来弥补他们没有时间陪伴孩子的内疚，又或者仅仅是想通过“买得起”来向孩子炫耀自己的成功并以此树立自己的权威。可想而知，有这么多物质上的诱惑来分散孩子们的注意力和时间，同时家长又在孩子成长的过程中疏于陪伴和引导，孩子学业无成，没有正当职业，甚至成为一个拖累家庭、社会的人，似乎也是一种必然。

好在我和太太找到了一种合适的与孩子们相处的方式：在物质上，我们不过分满足他们的欲望，但也不会限制他们的必要需求；在兴趣爱好上，他们小时候学的东西，都是太太亲自教的，她能够很细心地察觉他们的兴趣所在，而且会和他们很民主地谈心，交换意见，从来不会强迫他们去学自己不喜欢的事情。当孩子尝试过一段时间后，如果不感兴趣或者表现不好，我们会让他们尝试新的事物。

就拿培养孩子有关钢琴方面的特长来举例，曾几何时，钢琴似乎成了一种高品位的象征，在各种兴趣班中钢琴课也悄然成为翘楚。很多父母都梦想自己的孩子能在上面弹奏出优美的音乐。我们家也有钢琴，只因为太太是学音乐的，并且她很喜欢弹琴，这是她的爱好之一。她也曾试过教孩子们弹钢琴，但孩子并不感兴趣，于是我们适可而止，然后提供更多机会让他们发现自己的兴趣和爱好。我们从不强迫孩子们学习他们不感兴趣的东西，但我们会给他们提供很多机会去发现自己喜欢什么、擅长什么。我们让他们每次只尝试一种，一旦他们确定这是自己喜欢的事情，我们会鼓励他们、支持他们全身心地投入学习，直到完全掌握。

但是，有很多父母并非如此。他们不理会孩子的喜好，逼着他们去学不喜欢的东西，丝毫不考虑是否适合他们。小小的孩子脸上经常呈现的是无奈的表情，虽然没有当面反抗，但内心早已种下一颗抱怨和叛逆的种子。我们也从各种媒体上看到过，很多优秀的孩子因为无法排解来自父母的压力，有的辍学，有的甚至精神崩溃，或者患上抑郁症。我认为，这些孩子的父母对此有着不可推卸的责任。

由此可见，逼迫孩子学习的副作用很大。人只有自己喜欢、主动探索，才有可能在该领域保持高度的学习热情，把一件看似艰难的事情持久地做下去。家长们天天在孩子耳边唠叨某项技能的重要性是毫无作用的。

正面激励与适当责备交替使用

很多人认为美国的教育方式是崇尚自由，任由孩子发展，没有任何管束和限制。这个想法其实是不客观的。

第2章
教孩子就像当“农夫”

美国是一个移民国家，来自世界各地的民族聚集在这里，每个民族都有自己独特的文化和传统。通常，美国本土白人对孩子的教育比较开明自由；黑人、墨西哥人和印第安人不太在乎孩子的学业；东方人比较保守、严格，对孩子的要求高；犹太人比东方人更注重孩子的学业，对孩子施加的压力也更大。

那么，是否要求越高，施加的压力越大，孩子就越优秀呢？不见得。我们认识一位中国医生，他认为医生是最高尚的职业，所以希望儿子也去读医学院。可惜，他的儿子在医学上没有他的聪明和天分。因此，无论他施多少压力，花多少钱请家教为儿子补习，结果都徒劳无功。最后，儿子不但没有去成医学院，还因为受不了父母日夜不断的谴责而离家出走。

我女儿的哈佛舍友是一个犹太女孩，因为功课追不上，父母给的压力过大，最后精神崩溃休学一年。还有一个中国女同学，很喜欢艺术，准备读建筑师，可是父母不同意，一定要她当律师。于是，哈佛毕业后她到哥伦比亚去读了法律，做了律师。但不到四年，因为对这个行业实在没有兴趣，她又放弃了奋斗几年的高薪职业，改行去画漫画。

还有些父母因为孩子的表现没有达到他们的期望而恼羞成怒，甚至不顾孩子的颜面，在人前埋怨、责骂他们。这是非常不可取的做法。因为这样不仅会伤害孩子的自尊心，还会在他们心中埋下自卑的种子，我们深深明白这种做法带来伤害之巨大。于是，作为两个小高尔夫球手的父母，我们不仅从没错过他们任何一场比赛，而且当孩子们发挥得不尽如人意时，我们能够坦然承认自己的沮丧情绪，但是不会责骂他们。只是在激励他们的同时，我会适当地对孩子表现出自己的失望。我认为愧疚感有时可以让孩子们更有奋斗的动力。这样做的结果是，他们俩常常很感激我们提供的这些机会。而且每次发挥失常，他们都会向我们道歉、自我总结。在下一次的比赛中，他们反而会取得更好的成绩。

第2章
教孩子就像当“农夫”

记得有一次，我们陪着孩子们到东岸参加比赛，四个人的机票、四晚酒店、租车费用，还有我们两个人的时间……不得不说，这实在是一场很昂贵的比赛，比赛结果却让我们大失所望。更糟的是，比赛结束后女儿一直在抱怨天气太湿热导致她发挥失常，儿子则推说球场太多沙池，而且沙质太湿，他不习惯。我听了他们的抱怨以后，只说了一句话：“确实是不应该来这么远参加比赛，白白浪费了金钱和时间。”我并非真的觉得浪费了金钱和时间，但他们这种推卸责任的做法实在让我失望。

孩子们当即明白了我们的失望——打出这样差强人意的成绩，还拿一些借口来推卸责任，他们也觉得很愧疚，于是眼睛红红地对我们说：“对不起，让你们失望了。”太太心软，听到这句道歉，看着他们那可怜的样子，原谅了他们，三个人很快便有说有笑了。我虽然内心原谅了他们，但仍然保持沉默了好几天。这是因为，我希望他们知道我的失望，并且不要那么快忘记这次失败。回家后，他们果然比平时更加勤奋地练球，对我们也更加尊敬。我知道，他们一定在努力准备并期待下一次比赛，为自己赢回赞赏和肯定。

教育孩子的过程中，我们的确需要对孩子有所要求，也需要施加一点压力。但最终目的是为了让孩子在前进时更有动力。所以，施压时要懂得适可而止，要求的目标也要合理而有弹性。如果我们做父母的在施教中都能做到刚柔并济，既有原则又有弹性，相信这个世界将会减少很多家庭悲剧。

让孩子学会感恩

当下很多父母都视孩子为掌上明珠，给孩子穿最漂亮的衣服，买最昂贵的玩具。只要孩子索要，不惜血本都要满足。家长们总认为这样一来孩子们就开心了，快乐了，幸福了。可是，事实与人们的预想大相径庭。孩子非但不买账，反而欲望无限膨胀。稍不如意，就会大哭大闹，丝毫感受不到父母带来的幸福。

为了让我们的孩子懂得珍惜自己的生活，并且拥有怜悯之心，我和太太曾带他们去各地旅行，并亲眼目睹贫民的生活。在泰国，他们看到河岸的居民在同一条脏兮兮的河里洗菜、刷碗、洗澡、如厕，心情很沉重。

“世界上有很多人都是这样生活的，还有些人甚至更糟。”我说。

这些场景对孩子们心灵触动很大。他们虽然什么话也没说，但我知道他们刚上了一堂生动的生活课。这堂课会让他们对自己现在拥有的幸福感受更深，也会更加珍惜。

关于珍惜，还有一个小故事。我们的两个孩子在很小的时候，一看到邻居小朋友有新玩具或者漂亮衣服，回到家就会和我们抱怨。我和太太总是耐心地向他们解释，有些东西并不是必需品，而且在这个世界上并不是所有我们想要的东西都可以买到。我知道，在他们当时的年龄很难理解那些话。而且，不管什么样的原因，被拒绝总是很不开心的事。后来有一天，我和太太带着他们去拜访一位生活有些拮据的朋友。在朋友家，他们亲眼看到朋友的孩子因为没有书桌，只能在一张可折叠的饭桌上做功课；身上穿的衣服打着补丁，鞋子也露着脚趾头，而这些在他们眼里都是应该扔掉的衣物。

为了让孩子们对自己的所见有更深的感触，回家的路上，我特意跟太太聊天："你记得我们那次去泰国旅行吗？当我躺在沙滩上晒太阳的时候，一位老人家走过来问我从哪里来。我告诉他，我是从美国来的。他很疑惑地问我为什么花那么多钱，大老远地跑到这个没什么可看的沙滩上晒太阳。我回答他说我们是来休闲度假的。他边离开边自言自语道：'你真傻，纽约才是最值得一去的。'我也笑了，因为我突然意识到，对于已拥有的东西，人们总认为是一种理所当然的存在，而不懂得去珍惜。那位老人恐怕也并没意识到，自己能够每时每刻住在这个美得像天堂一样的地方是多么的幸运。"听着我们的聊天，孩子们没有说话。但是从那以后，他们再没有抱怨过别人有什么而我们又没有什么，并且开始珍惜他们所拥有的一切。

孩子们一直对我们怀有感恩之心，我想可能正是多年前的这些经历让他们深有感悟，并且逐渐成长为善良、富有同情心的人。

我还记得儿子15岁的时候，有一次到医院做义工，喂一位生病的老人吃饭。那天回到家后他很难过。他说：“直到今天我才知道，那些生病的老人有多可怜。他们没有家人和朋友，那么孤独。爸爸妈妈老的时候会像他们一样吗？”

“不，我们不会的，”我太太回答道，“爸爸妈妈有你们呢。”

高中时期两年的社区义工、大学毕业前两个暑假的实习，都对他们的人生产生了深远的影响。通过这些亲身经历的事情，他们学会了如何处理复杂的人际关系，怎样更好地执行上级的命令，如何对自己的行为负责任。更重要的是，这使得他们心里怜悯的小种子茁壮成长。他们懂得感恩，并知道珍惜当下的一切。

我们是这样对待金钱的

每个做父母的都想尽最大努力为孩子营造完美无缺的生活，却很容易忽视一个重要的问题，那就是孩子的心智与身体一样需要成长。在这个物质极大丰富的年代，孩子们更是容易在过分满足的物质生活中迷失，丧失奋斗的动力。而这些，恰恰是我们需要在日常教育中加以重视的。

在我们相识的父母中，很多经济条件还不错。他们的孩子应有尽有，不应有的也有。孩子们有自己的房间，锁上门便是他们自己的天地，在里面做什么都没人知道。如此，他们很少和父母兄弟姐妹接触，甚至饭都不在饭桌上和家人一起吃，而是自己捧着饭碗回房间吃。此外，他们还有自己的电脑、手机、电视、音响设备和汽车。虽然这些都是父母供给的，但他们可以自由使用。有了这些东西，尤其是汽车，他们的朋友自然多了起来。每天东跑西跑，那么多选择、诱惑在眼前，他们哪里能集中精神一心向学呢？

我们也完全可以效仿其他父母，像他们一样满足孩子们的物质要求。但我们觉得这样做不是爱，而是宠；不是为孩子的前途着想，更不是负责任的父母应该做的。因此，在有些人看来我们对孩子似乎有些“吝啬”。直到上大学，他们才有自己的手机和电脑；在家的时候，他们只有客厅里的一台公用电脑可以使用。在他们可以证明自己是合格的、有责任感的司机之后，我们才允许他们自己开车去学校。但是，在书籍、高尔夫球具、请高尔夫教练、参加比赛上面，我们从来不吝惜，因为我们觉得这是对他们的发展有帮助的。

细细算来，其实我们花在孩子教育上的金钱实在不少，但大部分都花在他们的高尔夫球上。仅仅球会，除了每人入会费五万美元，每个月的月费也要一千多，还有教练、球具、球鞋、球服等的费用差不多一个月也要一千美元。不过，最贵的还是参加比赛的费用。他们小时候，多数的比赛还是在南加州，我们只需要支付汽油和吃饭的费用。但是十五岁之后很多比赛是州际的，远的数千英里，近的也要五六百英里。机票、租车、酒店、用餐费用每次最少也要两三千美元。算下来，每年花在他们的高尔夫球上大约要五万美元吧。有时我们也安慰自己说，这些费用也不能说全花在孩子们身上了。球会我们也有份享受，带他们去比赛也当是去旅行吧。

作为父母，花费这样巨大的投入、付出这么多的时间和精力是否值得，说实话我确实也不知道。我只是隐隐觉得父母为孩子的牺牲是应该有限度的，应该以不危害自己的经济安全为原则。如果不理会退休后的经济状况，盲目地在孩子的身上投入，那是不智之举，如同赌博一样。

有个韩国朋友说，在韩国，很多父母宁愿卖房卖地也要支持孩子去学高尔夫球，希望他们一举成名，成为千万富翁。事实上，高尔夫球手成名成角的机会比彩票中大奖的概率大不了多少。一旦希望落空，并且连自己的生计也成问题时，父母子女之间怎么可能拥有温馨良好的关系，恐怕更多的是互相怨恨吧。因此，最好不要在教育投入上孤注一掷，这是极不可取的。

| 孩子们的反馈 |

玛诗：爸爸妈妈尝试了不同的方法来挖掘我们的兴趣和天赋，这是我要非常感谢他们的地方。另外，他们还会带着我们旅行，带我们参加朋友的聚会，使我们有机会观察爸爸妈妈待人接物的方式，让我们在潜移默化中学会了很多。

家荣：小时候，我总是羡慕别人有电子游戏机、水枪，我求了妈妈好多次，但得到之后，玩了几次便没有了新鲜感。所以爸爸是对的，很多玩具都是浪费钱和时间。他其实并不是一个吝啬的人，在一些对我们有帮助的事情上非常慷慨，譬如给我们买很贵的高尔夫球具、请高尔夫教练、带我们去音乐会和博物馆、和我们一起旅行、给我们点成人餐而不是儿童餐。事实证明爸爸妈妈给我们提供的这些机会都是很有价值的。

第3章

要身教，也要言传

Are we lucky or what?
How We Raised Two Harvard Kids

托尔斯泰曾经说，孩子自出生到5岁，在智慧、情感、意志和性格诸方面从周围世界中摄取的，要比他5岁之后所摄取的多许多倍。这就说明早期家庭教育的重要性。童年不是未来生活的准备期，而是一段真正的、独特的、光彩夺目的、不可替代的萌芽期，错过将不再回来。

教在幼时

孩子从出生那天起，就面对着各种各样的社会规则。但是在当今社会，很多父母常犯的错误就是打着自由的旗号，对孩子的行为放任自流，直到孩子出现一些不尽如人意的行为时才想去改变。比如，很多人认为刚出生的婴儿太小了，没有学习能力；他们又太可爱了，不能对他们很严厉；他们也太招人喜欢了，实在不忍心拂了他们的意愿。“我们等等再教他们也不迟。”家长们总是这样说，“以后教育他们的时候多着呢。”这些想法都是错误的，有研究证明，学习能力会随着年龄的增长而逐渐退化，天真无邪的婴儿往往学习能力最强。

我和太太从孩子一出生就对他们进行相应的训练。首先是母乳喂养，如果妈妈的身体健康，最好让孩子直接吮吸乳房，这有助于母子间建立最天然、最亲密的纽带。其次，不要错过任何一个可以和孩子交流的机会。孩子一出生，我们就和他们聊天、触摸他们、爱抚他们、咯吱他们和逗他们笑。每个孩子都是天使，即使不会说话，也能从你的表情和语言中获取爱的信息，从而建立起和谐的亲子关系。接下来，等孩子稍微大一些，就可以教他们如厕，这不仅可以让孩子们懂得讲卫生，也是他们人生真正的第一堂课。再接着，可以通过引导，让他们自己玩玩具，培养其独立性，等等。

孩子在幼年时期缺乏判断是非的能力，因此需要大人及时给予引导，做得好要给予肯定，做错了也要受到相应的惩罚。有一次我看到儿子在撕壁纸，就象征性打了几下他的手心以示惩罚。虽然不是很重，但是他明白了爸爸不允许这样，类似的情况再也没有发生过。我们坚持这样做的结果是，我们的孩子行为举止非常好。他们从不无理哭闹（这通常是孩子引起大人注意的方法），因为他们一旦这样做时，我们是绝不理会他们的。他们从来不会像很多孩子那样，吃饭时在餐厅里到处乱跑，或者随便乱扔餐具。

当然，在爱的氛围里树立一定的规则，是一个长期的过程，需要父母充满智慧的牵引。通常，孩子会用哭闹来获得大人的关注，这时就需要父母进行理智的分析和判断。我们通常把对孩子的关注分为正向关注和负向关注。如果孩子因为身体不适而哭闹，那么父母应该及时给与回应，以免造成意想不到的后果，这属于正向关注。但是如果孩子把哭闹作为达到某一目的的手段，最好的方式是置之不理。如果顺应孩子的想法，一哭便去满足，久而久之，便会形成一种固定的模式，他会用更激烈的哭闹来求得更大的满足。如果父母没有能力去满足他的需求时，矛盾就会激化，这在青春期的时候表现得尤为明显。

我们从不给孩子们负向关注，所以他们很乖巧，很好沟通。在他们很小的时候，我们就经常带他们参加婚礼和音乐会。说起来难以置信，三个小时的音乐会，他们居然能一直安静地听，而不会像其他孩子一样哭闹。

其实，行为举止良好的孩子，会额外地得到更多的关爱和馈赠。因为比较乖巧懂事，他们总是很容易得到别人的喜爱，大人做事也喜欢把他们带在身边，而不是把他们赶到一边。因此，他们就有更多的机会听大人们聊天，从而接触到很多生活知识和经验。而有些行为举止不佳的孩子则丝毫不顾及大人的感受，在大人谈事情的时候大呼小叫、疯跑，并且时常去打断大人们之间的谈话，这是非常不尊重人的表现。有些孩子甚至在父母眼皮底下就无法无天，比如无视其他人的存在，在晚餐的过程中一直玩手机……这不是孩子的错，是父母的不称职。任何负责任的家长都应该教导孩子基本的社会规则和社交礼仪。不知道我们的孩子是什么时候学会尊重他人的，大人讲话的时候从不乱插嘴，而是安静聆听。我想，也许是父母“言传身教”的影响力，让他们耳濡目染。当然，我觉得也有可能是我们一直很尊重他们，觉得他们是我们家庭中平等的一分子，而不是特地把他们归为“什么都不懂”的“小孩”。

文明的举止，是人生的一笔巨大财富。因此，我们从小便注意培养孩子谦卑有礼的态度和良好的行为习惯，比如微笑待人、尊老爱幼；同时也要求他们遵守时间和约定，不论和对方的约会是否重要，都要守时，迟到是一种对朋友不尊重的做法；在家里要保证房间干净整洁，去别人家拜访要大方得体，帮主人做一些力所能及的事情。这些事情看似微小，却是赢得别人喜爱和尊重的法宝。

但孩子们在幼时未必能够真正理解我们行为的含义，因此父母教育孩子要以身作则。一开始，他们可能是被动接受，但久而久之，他们便会自动自觉去做。例如，我们在整理房间，而孩子们只在旁边看着或者看电视，我们便会叫他们搭把手。但我们不会因此给他们贴上“懒惰”的标签。

很多父母都忽视了这些小事的重要性。譬如在别人家做客，早上起床很晚，让主人等着用早餐；或者，从不帮忙做任何事，还容忍孩子们把别人家搞得乱七八糟，之后就一走了之，最后还得主人来收拾。这些都会让别人对孩子避而远之。如果我们带孩子去朋友家做客，最后一顿早餐后，我们一定和孩子们一起为主人整理房间，清洗床单、枕套，擦地吸尘，等等。如果只是去朋友家吃晚餐，我们也会帮主人收拾了碗筷清理餐桌后才离开。这不仅是对主人的尊重，也会让孩子们懂得感恩。

言传身教，顾名思义，只靠“以身作则”是不够的。除了“身教”之外，我们还用“言传”来作为补充。譬如，教会他们礼貌地称呼他人、对待他人要友善、不要乱发脾气等。在不同的年龄阶段，我们所教的内容也不同。他们会说话时，我们就教他们叫“叔叔”“阿姨”；再大一点，我们就教孩子们奉茶、添茶；

到了中学时代，我们做了某个决定就会给他们解释原因、分析事物利与弊的两面性；高中和大学时代就鼓励他们辩论，发表自己的见解。

我们特别让他们记住的最重要的一点是，他们姐弟俩应该是亲密无间的。因为，他们彼此存在于对方生命中的时间要比和我们、各自的爱人、孩子还要长。于是，在他们还是小孩子的时候，就非常爱对方，并且很愿意与对方分享自己的玩具和糖果；在长大成人后，在必要时，他们也经常会给予对方精神和经济上的资助。

现在看来，我和太太的这些方法是正确的。我们的孩子不但彬彬有礼，还能和人很自然地交谈，会帮忙做家务，会给大人奉水添茶；虽然不去欺骗别人，但也绝不会被骗；在哈佛高尔夫球队，还被教练指定为球队的司机，因为他们从不醉酒。

有一次去中国西部旅行，和我们同行的有一对华人夫妇。他们的一双儿女已经快20岁了，一眼看去就是被溺爱骄纵的孩子，待人很不友善，对父母也不尊重，总是一副爱理不理的样子。从他们父母口中得知，这两个孩子学习成绩很差，除了购物、看电影、看时尚八卦杂志、玩手机，对任何事情都没有兴趣。男孩子文身、染头发、戴耳环；女孩子涂脂抹粉，像个小太妹。可怜天下父母心，当这对夫妇看到我们迥然不同的两个孩子时，便请我给他们一些引导孩子改变的建议。望着他们充满殷切渴望的眼神，我除了无奈的以笑代之，实在无能为力。

童年是一段不可再现的时光，这句平凡的话却隐藏着真理。俗话说“三岁看老”，很多做人的道理在孩子年幼时就已经潜移默化在他们的行为中。但我的两个孩子也并不是天生如此乖巧。在他们出生不久，我和太太便按照正确的方向去引导和塑造他们，我们坚信这种正向引导越早开始，对孩子的影响力越大，他们抵抗外界一些不良因素的力量也就更强。因此，教育孩子要尽早开始。

第3章
要身教，也要言传

| 孩子们的回馈 |

家荣：就“教育培养要从小抓起”这一点，我认为爸爸的做法毫无争议。但是如何教养孩子、父母应该对孩子有怎样的期待，是需要再讨论的。因为虽然父母在我和姐姐身上用了相似的教育方法，又传输给我们相同的价值观，但是我和姐姐却成为了两个完全不同的个体。

姐姐非常细心，我总是懒洋洋的；她为人很热情，我却不太喜欢交际；她在课堂上表现得很出色，而我是考试成绩斐然。每个人都不同，所以我们要观察孩子的性格特点、兴趣爱好，并据此帮他们在自己喜欢的道路上，形成一种努力奋斗和自我提升的态度。

在心理上形成渴望自我提升的学习态度，是爸爸最推崇的教育理念。在这一点上，需要父母充分发挥积极的引导作用，并且要以身作则。

至于“如何来做”则是更具争议的话题。作为一个立规矩的人，主要的角色是指导者，不是知己和朋友。

我时常在想，如果父母可以身兼立规矩的人和朋友这两个角色，教育的效果是否会更好？我认为这是很值得一试的事情。

我们还要给孩子们灌输这样一个信念：他们可以比别人做得更好、取得更好的成绩，因为他们是与众不同的。我从小就相信自己是一个全A生，这样的想法当然与我父母给我设定的高标准是密不可分的。如果他们对我说："虽然你得了B，但是你已经尽力了，没关系的。"我想我就不会有这种为了成功而奋斗的精神了。

要求孩子说中国话

到了美国之后，我发现有些中国人保守、不爱尝试新事物的特性表现得更加明显。他们喜欢聚居在唐人街，交往的圈子依然是中国人，用老套的教育方式来教育孩子，只强调勤奋努力、知坚识险，并没有意识到自己已经生活在一个新环境中，需要改变和适应。他们的孩子也很少去旅行，很少参加户外活动，只是待在家里埋头苦读。这些孩子虽然文化课成绩斐然，但运动及其他才能和美国本土学生相差甚远，所以还是容易有自卑心理。

但是在语言上，这些孩子的表现却刚好相反。因为父母担心孩子不会讲英文或者发音不纯正，要求他们随时随地讲英语，久而久之，他们对自己的母语形成了会听不会讲的情况。但随着科技的不断发展，世界越来越小，学习多种语言，能够和更多的人交流，并接触到各国不同的文化，拓展自己的视野，对个人修养和职业发展都有很重要的帮助。

我们的两个孩子举止得体，学习成绩优异，还是优秀的高尔夫球运动员，最重要的是他们从未忘记自己的母语，中文说得很流畅，因而吸引了很多父母羡慕的眼光。要知道，对在美国出生的华裔孩子来说，同时做到这些几乎是不可能的。我想，这要归功于我的爸爸，而且要追溯到我的童年。那时，我们全家迁到香港，也许是出于对故乡的怀念，爸爸禁止我们在家里讲广东话，必须讲我们的家乡话（客家话），除非家里有不会讲客家话的客人。于是，我们这些孩子们不仅会流利地讲广东话，自己的乡音也从未忘记。这些童年旧事给我的印象很深，而且也经常让我想起自己的故乡。于是，我就复制了父亲这个“霸道”的方法，用在我的孩子身上。

但是，这个方法并不适用于所有的家庭。因为可以确定，这样做势必会引起孩子们的不满。几乎所有的孩子都不喜欢被强制做事情，就像当初我们抗拒自己的父亲一样。因此，这需要父母有足够坚定的信念，面对孩子的拒绝、难过、愤怒，也能够坚守立场。好的父母对孩子的爱是有远见性的，无论什么，只要他们认为对孩子的将来有好处，他们都会坚定不移地朝着这个方向前进，即使当时这种做法对孩子可能会有小小的伤害或者让孩子难过。但是大多数的父母硬不起心肠来这样做，因为他们不忍心看到孩子难过。他们的情感阻碍了孩子拥有更广阔的未来——不能跟中国人沟通，尤其是自己生为中国人。

年轻一代的移民，像我在英国的妹妹，比较推崇一些心理学家的理念，担心从小学习多种语言，会使孩子的语言系统混乱，从而影响他们的学习能力。这样的理论，我个人认为是没有事实依据的。大学时候，我有个越南同学，精通六种语言，英语、法语、越南话、普通话、广东话，还有客家话（因为他的保姆是客家人）；我们的孩子除了能流利地讲英语和广东话，还会些客家话和潮州话（我是客家人，太太是潮州人），而且在中学时还加修了西班牙语。但我们的孩子非但不像妹妹担心得那样会语言系统混乱，反而比周围的孩子都要自然。

记得有一次，我妹妹的两个儿子从英国过来在我们家过暑假。他们与我的孩子们年纪相仿，但他们只会讲英语，因为妹妹从未要求过他们说中文。几个小孩子每天在一起玩得很开心，直到有一天，我的一位住在香港的朋友来拜访。他的孩子只会讲中文，所以我们的孩子和朋友的孩子一起玩的时候就用中文交流。而我的两个外甥没法加入，只能坐在一旁看着，很无聊。看到他们这个样子我很难过，便对太太说："多掌握一门语言可以多一些交朋友的机会嘛。我妹妹显然多虑了！"

| 孩子们的回馈 |

玛诗：为了让我和弟弟能说一口流利的中文，爸爸采用了爷爷的方法，要求我们在家里只能讲中国话，除非有不会讲中国话的客人在，甚至要求我和弟弟争吵也得用中国话！尽管那时候有一些小小的不愉快，但是长大后体会到了这样做对我的益处，也意识到爸爸的良苦用心。

在家里我可以得到自己想要的自由，爸爸妈妈从来不强迫我们学习，并且很少拒绝我们的请求，甚至还允许我们不需要询问，随时取用放在抽屉里的零用钱。我们明白这是父母对我们的信任，正是如此，我们才更不能辜负他们的信任，总是在咨询他们的意见之后，才会取真正需要的零花钱。

做榜样，潜移默化地告诉孩子什么“好”、什么“不好”

大家都知道，树立良好的榜样在教育孩子的过程中是一个至关重要的环节。孩子们很喜欢模仿自己的父母，所以没有比我们亲自示范更好的方法了。但是，做孩子的好榜样这件事说起来容易做起来难。我们每个人都有自己的缺点和坏习惯，这就需要我们自己先去觉察自己的不足，进而先改进自己的行为。例如，我们不要把外面的压力和不良情绪带回家里，应该给孩子们展现自己在逆境中的坚强，展现自己对他人的尊敬，展现给孩子们一个好公民的形象。

我们的朋友高先生有一对双胞胎儿女，女儿去了哈佛读书，儿子去了斯坦福。最近，女儿要与一位律师结婚，婚礼选在一个破旧的农场。关于这个农场，有一段故事。高先生早年破产并离婚，需要收入供姐弟俩读书，好心的朋友便给他提供了这个农场管理员的工作。农场环境恶劣，生活贫困，姐弟俩看着爸爸——一个上了年纪、受过良好教育的人，每天朝耕夕作，喂鸵鸟、喂鸡、除草、修剪树枝，干着所有繁重的体力活……

当别人问她，有那么多时尚又高档次的婚礼场所可以选择为什么偏偏选中这个破败的农场时，她毫不犹豫地回答道："对于弟弟和我，这个农场是世界上最美的地方。在那里，我们发现了爸爸对我们的爱；在那里，爸爸努力工作的身影经常鼓励着我们，使我们更加坚强；在那里，爸爸遭受的苦难不仅仅使我们哭泣，也给了我们勇气；在那里，他的牺牲激励着我们克服了很多难以想象的困难，成就了很多不可能的事。最重要的是，在那个地方，爸爸既当爹又当妈地照顾着我们姐弟，他的爱在无数个寒冷的夜晚温暖着我们的心灵，直至今天……他可以不用这样做，他可以选择活得轻松些。但是为了我们，为了我们的将来，他仍然选择全身心付出，并勇敢地面对生活。”一段话感人至深，令人潸然泪下。

很显然，高先生的孩子没有忘记他为他们所做的一切，爸爸的榜样对他们的影响很深。他女儿的话说明了一切——好的榜样是最有力的教育。

但如果不能成为孩子的好榜样，那至少不要做一个坏榜样。因为展示给孩子看我们是不怎么样的人实在是件很糟糕的事情。这样，我们在孩子那里不仅丢失了自重和信用，更会错误地引导孩子踏入与我们相同的歧途。但是，好多家长的行为都如此：他们教孩子说谎来搪塞那些讨债的人，比如说他们不在家；或者跟孩子吹嘘他们很聪明，因为自己刚刚把用过的商品又退回给商家；他们可能也从没想过将自己那些不合适的行为习惯隐藏起来，譬如调情、欺骗、偷窃、打架、吸烟、酗酒等。你知道吗，就连不好的饮食习惯都会对孩子产生很负面的影响。比如，肥胖的家长很可能有肥胖的孩子，更别说上述不良行为对孩子的影响了。

在树立好榜样的同时，我们还必须有正确的教育方法。我有一个同学，他的爸爸是清洁工人，每次去他家都会听到他的爸爸说："你想像我一样靠扫大街维持生计吗？"他的妈妈也会说："孩子，不要那样浪费钱，你爸爸是那么辛苦地工作赚钱养家。"他的父母都不是知识分子，但教育方式却是可取的，虽是短短几句话，但比什么都有说服力。我的这个同学在校期间一直名列前茅，后来成了一名医生。

只教孩子好的一面、应做的一面也是不够的。我们还应该帮助他们认识什么是坏的，不应该做的，譬如饮酒、赌博、骗人、说谎话等。对于不好的行为，我们不仅仅要告诉他们怎样做是不好的，更重要的是让他们认识到这些事情的不良后果；教他们学会辨别这些坏行为，让他们学会提防别人、保护自己；从而在坏行为和孩子之间形成防护，有效杜绝这些事情的发生。

由于交通工具的快速发展和各民族间的不断融合，世界变得越来越小的同时犯罪率也在不断升高。而孩子们太容易相信他人，因此很容易上当受骗甚至被伤害。为了能让他们学会如何保护自己，我觉得必须让他们了解这些犯罪行为，并知道该如何面对。

在这方面，我的方法虽然很有效，但不得不承认，这种教育方法有点极端，诚实、正直的孩子可能会很难接受。而且，教孩子“反面”的东西是很危险的，稍有不当，可能会误引孩子走入歧途。因为有时恶的东西是有诱惑力的，所以还是小心谨慎些的好。如果没有把握，或者家长自己心性还不是特别稳定，还是只教“正面”比较安全。

在孩子们小的时候，我怂恿他们从超市里偷一块糖或者一个水果，他们非常害怕，根本不敢去。于是我便自己去偷，孩子们见状撒腿就跑，躲我远远的，生怕被一起抓到。他们的行动已经告诉了我，他们明白偷窃是不对的，他们不想成为小偷。对于欺骗行为，我也采用同样的方法。打高尔夫的时候，我经常耍一些小手段来欺骗他们。比如，如果我的球掉到草丛里，我会偷偷地将它移到一个容易打的地方；球打丢了，我就偷偷地再放一个在地上，然后大声说："找到了！"又或者故意减少一杆。总之，想尽办法来骗他们，同时还得显得骗术很"不高明，"让他们可以看穿我的骗术，以此来训练他们提防坏人的意识。孩子们很不赞同我这种骗人的做法。所以，透过他们对我这种行为的强烈不认可，我就知道他们是不会成为骗子的。

有时候，我也会使用些"高明"的骗术，让孩子们能够认识到自己的局限，提高观察力，对人保持一定的警惕心。有一次玩牌，我事先在墙上挂了一面镜子，我让儿子坐在镜子前面，而我坐在他的左面，这样我就能从镜子里看到他的牌了。毫无疑问，他是当晚最大的输家。后来我告诉他这个秘密，他才知道中计。

但是，我却没有更好的办法使他们相信有时候谎言是必要的。因为对于他们来讲，谎言就是谎言，根本不会有“善意的谎言”存在。

他们小的时候，我们让他们在香港待了几个暑假，希望他们在这个比较复杂的城市锻炼出很好的应变能力，能够准确地判断是非。仅仅两个暑假，他们就发生了巨大变化。最明显的就是学会了如何照顾自己，提防坏人。以前去国外旅行，他们常常被小偷偷走钱包，而现在反而是他们提醒我们要小心钱包。现在，他们都在香港生活得很好，我想也要得益于那几次暑假的锻炼吧！

另外，他们也不像以前那样轻易相信别人了，观察能力也提高了很多，对人物的评价、对客观事物的判断都十分贴切；其他日常生活习惯、言行举止、穿衣戴帽都大有不同。以前，本地人能够一眼看出他们不是香港人，而现在他们已经完全入乡随俗，完全看不出是在美国长大的中国人。

但是无论怎样入乡随俗，他们的思想受西方文化影响较大，和我们这些中国出生、久居美国的父辈们有很大的差异。我们比较保守，凡事做好最坏的打算，对人也是只说三分话，留有一定的余地，做事小心谨慎；而他们却恰恰相反，对人和事都抱有乐观态度，颇具冒险家精神。 这与我们彼此接触的文化有着千丝万缕的关系。中国人做事保守，而美国人敢于尝试和创新，为了成功能够接受一次次的失败。在孩子们的性格养成和品格塑造方面，我想影响力最大的还是高尔夫球。孩子们从中学会了诚实、遵守规则、有耐性，还有奋发图强的精神。

很多人会问，为什么会给孩子们选择高尔夫球运动。要知道，20 世纪 80 年代高尔夫还被认为是老年人的运动，直到老虎 · 伍兹的出现，它才流行起来。很多家长们会顺理成章地认为我们高瞻远瞩。真相却是，我们起初并没有想到高尔夫会盛行，当时选择它是因为我们有以下考量：

首先，也是最重要的，我们喜欢高尔夫。我觉得它是世界上最好的运动之一，能够同时锻炼脑力和体力，而且因为少有机会受伤，所以老少皆宜。并且，高尔夫球场都绿草茵茵，如公园一般，没有哪项运动的环境能与之媲美。可以说，孩子们喜欢高尔夫应该跟我们的感受有关。

其次，高尔夫球员在打球的时候，都非常随和且彬彬有礼。我们希望孩子们多接触这样的环境，能够成为绅士或者淑女。

再次，高尔夫是对自律性要求较高的运动，它有一定的规则但主要依靠球手的自律、诚实来实现。我们希望孩子们能够拥有遵守规则、诚信待人的品格，事实也证明高尔夫球确实在孩子良好的品格养成方面起了非常大作用。

最重要的是，如同军队，高尔夫要求选手们有纪律性、不断进取、有强大的意志力、耐受力以及坚持不懈的精神。而这些，也正是我们希望孩子们可以拥有的。

| 孩子们的反馈 |

玛诗： 经常听爸爸妈妈聊天对我有很大的影响。小时候不觉得，但是长大后发现确实如此。我们很多为人处世的方式和价值观，都来源于那些看似无心却是精心设计的话题。

刚开始爸爸让我学习高尔夫的时候，我并不喜欢，因为每天要花好几个小时练球，手上磨出了茧子，脸上长了晒斑，但是为了有机会进入著名大学，又不得不去练习。同时，我也承认高尔夫对我人生的其他方面也有极大的影响。它让我学会了如何自律、如何管理时间、如何解压，而且不管在学习还是生活中，都带给我很多的机会。

家荣： 有很多方法可以为孩子建立优秀品格，但我还是同意爸爸的观点——父母是孩子们最好的榜样和偶像，我也会为了我的家庭而努力做一个好爸爸。

高尔夫是我的生命中重要的一部分。从小到大参加了无数场比赛，我的性格也在一次次的比赛中得以塑造，而且球赛的输赢成败以及接触到各个领域的人，也让我受益颇多。爸爸是一位狂热的高尔夫爱好者，我们一起打球的时候很开心。打球的时候他仿佛就是另一个人，爱说爱笑，爱开玩笑，甚至还和我们打赌。对了，还经常骗我们！我想这是他引导我们要诚实的“绝招”吧！

我的锦囊妙计——间接教育方法

父母是孩子的启蒙老师，然而多数的家长却不知道和孩子沟通的技巧，要么以自己的强权主义、情绪爱好为主导；要么频繁、严厉地教育孩子；要么对孩子不管不问，放任自流。我们也教导孩子，不过会避免一些引起直接冲突的方法，譬如责骂、人前羞辱，或因生气对孩子发脾气等。中国有句古话叫“吃软不吃硬”，每个人都喜欢表扬，不喜欢被否定，所以这种“直接否定”的方法很可能会对孩子产生负面的影响。

最常见的“直接否定”教育方式是在人前责骂孩子，这对孩子是最具杀伤力的。绝大多数大人比较爱面子，孩子若在公众场合做了错事或者无理取闹，大人就会觉得有损颜面，无法下台，便当众批评或者责骂孩子。但是这些父母忽略了一点，孩子虽小，也是有自尊心和颜面的。在愤怒情绪的影响下，外向型的孩子会和父母正面对抗，内向型的孩子则会无声抗议，愤而转身一走了之。可见，“直接”的教育方式非常容易引起摩擦、冲突甚至家庭内战。而直接教育之后，孩子的行为不但不会改，反而会更加强化，甚至开始仇视父母。

我们更倾向于“间接”的教育方式。“间接”的意思是，不直接跟孩子讨论他们的问题。比如吃饭时、旅途中、散步时，我们都会特意讨论一些有关社会和家庭的话题给孩子听。例如，我会讲公司伙伴、客人或者其他生意往来的真实故事，太太会讲朋友、亲戚或在外面听到、看到的事情。这些话题可能并不是直接针对他们的，我们只是希望他们能听到，从而可以激发他们的思考。在与孩子交流的过程中，间接传递我们的倾向和价值观，比直接说教更容易被他们接受。

为了避免孩子们因为各种原因不在场，我们都会精心选择合适的场所，一般来讲，在开车时进行是最理想的。他们只能乖乖地坐在车里听。我们谈论的话题多种多样，因时而异，但都与建立良好习惯有关。

下面就是我和太太进行“间接”教育的几个话题。

关于礼貌与尊重

我：张太的孩子真没有礼貌，见到我们居然不打招呼！

太太：他们的妈妈也是，我们一起会面，没

几分钟她就不见人影了，这对朋友很不尊重。

我：有其母必有其子，所以她的孩子也没有礼貌了。

太太：卓太的儿子就不同了，他处处让人先走，好像一个小绅士。

我：但是我觉得他做得有点过，近乎怕事。你还记得他和我们打高尔夫球吗？不是我们慢，是我们前面的人慢，但他好像不好意思似的，拘促起来。还有一次我和他去移民局，只是想问一句话，他竟然排了好几次队来。太怕事了吧！

关于金钱

太太：陈先生今晚请我们去那么高级的餐厅吃饭肯定花了不少钱。看来他最近一定赚了不少，给太太换了一部新车，又去夏威夷度假，他们孩子身上穿的也都是名牌。

我：最近房地产经纪的收入的确不错，但

也不应该那样花钱。他现在根本算不上富有，孩子还那么小，用钱的地方还多呢！他应该未雨绸缪，攒一些钱留作孩子教育之用。

太太：他太太也很挥霍，经常到名牌店里买东西，从来不计较价钱。

我：我真庆幸你不是这样的。我还记得一个富人朋友和我说过："你拥有多少钱和你怎么花钱是两回事。"这句话真的很有道理。

太太：我现在才知道你为什么在路边地摊买东西的时候总喜欢讨价还价了。

我：为什么不呢！我可不想我离开后，他们在背后笑话我是冤大头！

不要贪小便宜

我：汤姆骄傲地告诉我，他们夫妇俩在赌城的自助餐厅吃了午餐和晚餐，却只花了午餐的价钱。我问他怎么做到的。他自豪地说："我们晚一些去吃午餐，慢慢吃，一直吃到晚餐！”我问：“可以这样吗？”他说：“可以的，赌城的餐厅下午是没有休息的。”我觉得这是件很没有教养的事情。

太太：还有，我们的朋友杰西卡，教我如何买新衣服、新鞋子去宴会不用花钱。她说可以穿完了再拿回百货公司去退货，只要有收据，他们是不会查问的。那么没有道德的事情我是不会去做的！

我：这种人不可以做朋友，还是慢慢疏远比较好。

关于勇敢和忍辱

有一次在高速公路上开车，后面的一辆车也许觉得我开得太慢，一直朝我按喇叭。后来他赶上来之后，便对我破口大骂。我将头转向另一边，无视他的无礼，并让他开了过去。之后，儿子便问我，并不是我们的错，为什么被骂了还不还口。

我：儿子，你有没有好好观察那个人？他不是什么好人，如果我们惹怒了他，会给自己造成很大的麻烦。有时候，即使你是对的，你也要学会容忍他人的粗俗行为，这比起反击更需要勇气。

儿子：但是您以前不是这样的。您记不记得上次在高尔夫球俱乐部，您跟一个块头比您还大的人据理力争来着？

我说：我不记得了，你说说看？

儿子：那天下午我们四个人去打9个洞。因为前后都没有人在打球，所以我们下半场从第10洞打起，当打到第11洞时，我们才看到有人刚开始在第10洞开球。他们与我们有一洞之遥，我们根本不会影响到他们。结果那个大块头男人便开着球车过来朝着妈妈大喊大叫，说我们从中插进来，挡了他们的球路。您当时就冲了过去拍着他的车篷跟他理论。妈妈和我当时都吓坏了，害怕您被他打。事后我们还很庆幸他做了让步并离开了。

我：哦，我想起来了。那是乔治，他是一个医生，后来我们成了好朋友。那次情况不同，首先大家都知道我们是对的，更重要的是，他也是俱乐部的成员，不会蛮不讲理。当然，如果他真的是蛮不讲理的人，我就会让步，我不想因为自己争强好胜而使你们受到伤害。

关于愚蠢的诚实

太太：爱莲和一个日本女孩结婚了，她们还回日本去见了她的父母呢。

我：我希望她们没有告诉她父母她们是同性恋。

太太：当然不会啦。她的父母都是老古董，

根本接受不了这件事，说了他们会伤心的。

我：你知道我们的好朋友安迪吧，他就会那么做，他还让我告诉我父亲他是一名同性恋。我告诉他这种想法太愚蠢了，如果我爸爸知道他儿子的好朋友是个同性恋，他一定会伤透心的，还会限制我们的来往。但是安迪根本不理解。他说他已经跟他的父母坦白了他的性取向，他们并没有什么问题地接受了。其实安迪父母的思想也挺保守的，我敢肯定，如果他们不知道这件事的话，肯定会更高兴。为什么要做这种无谓的伤害呢！诚实是件好事，但是在某些情况下，太诚实了反而会带来更多的伤害而非好处，这种诚实就是愚蠢的诚实。

和太太谈话时，我频频用后视镜偷看孩子们在车后的动静。他们虽然眼睛望向窗外，好像在欣赏风景，但我知道他们的耳朵是在听我们的对话的。因为当我们提及爱莲和安迪时，他们立刻坐直，耳朵也竖了起来。我相信他们不是对同性恋有兴趣，因为他们年纪还小，可能不知道同性恋是什么，而是他们的故事太有趣了。并且爱莲、安迪和我们的孩子很熟络，好像亲人一样。孩子们叫爱莲“姐姐”，叫安迪“伯伯”。爱莲和孩子们在球会一起练球多年，虽然她的衣着和举动近乎男性化，但我们从来没有怀疑过她是同性恋。安迪是我几十年的美国朋友，我很早就知道他是同性恋，但从未告诉过孩子们。

“是吗？爱莲姐姐和一个日本女人结了婚？”问完姐弟俩掩着嘴，嘻嘻哈哈地笑，这是他们唯一的反应。

即使是孩子们做出不合适的行为，间接教育方法也比正面教训来得有效。我们的儿子是一个很慷慨无私的孩子。一直以来，无论我们给他买什么东西，他都要分一份给姐姐。但我们怎么都没料到，他居然慷慨到将中学毕业的最高荣誉送给他的好朋友。事情是这样的：

他和这个好朋友是同班同学，成绩旗鼓相当，儿子略占上风。原本这个最高荣誉非他莫属，但他觉得他得到了而好朋友没得到，有点不安。后来，他决定故意不完成两门功课，使自己的成绩降低，这样他的好朋友就理所当然地拿到了这个最高荣誉。

我知道后很生气，觉得这不是简单成绩高低的问题，而是这样做不仅是不尊重朋友，也是对自己的不公正。但我知道正面教训会收效甚微，于是我想找一个恰当的时机来和他谈。

有一天，我和朋友打完高尔夫球回来，吃饭的时候，儿子问我："爸爸，今天打得好吗？有没有赢钱？"他知道我和朋友打球每次都有赌钱。我灵机一动，觉得机会来了。我回答道："打得很不好，没有输赢，但是失去了一个朋友。"

"为什么？"太太很惊讶地问，"你们都认识那么多年了，他人很好呀。”

“就是太好了！他看我今天打得不好，输了很多，最后几个洞就特意输给我，和我打和。”

“那有什么不好呢？”他们一起困惑地问。

我说：“他这种连朋友都去讨好的人不值得交。朋友之间要真诚，不可以用这种虚伪的手段。而且，我们是友好的竞争，大家都应该尽力而为去争取胜利才对。他特意输给我就是看不起我、不尊重我。”

“他怕赢你太多，你不高兴吧？”太太还在为朋友说情。

“你还记得我们以前的邻居何先生吗？他每次来和我们打麻将，输了便很不高兴，说他不应该来打牌。朋友间打牌就是玩玩的，有输有赢，如果输了便不高兴，显得也太小气了。你看，家荣、玛诗和队友练球时都有比赛的，他们都很认真地去打球，不会相互让，也没有成为仇敌啊！”我说完望着儿子，又补充说道，“在友好的竞争中，特意让人是不对的，输了而不乐意接受也不是有气量的人。这两种人我都不会和他们做朋友。”

我看着儿子，他的脸色很尴尬，好像我说的就是他。我相信他一定是想起了自己把最高荣誉让给朋友的事，现在才知道自己做错了。

很多父母在孩子犯错之后，都是直来直去地当面教育，这样很容易激化矛盾。相反，通过间接的、委婉的方式，彼此都能接受，而且效果事半功倍。

但如果必须直接教育，我也会采用幽默的方式，来消除孩子的紧张情绪和敌意。心理学上说，有效沟通的先决条件是和谐的氛围，如果在沟通的过程中，气氛紧张，彼此都有情绪，那么沟通效果是会很差的。

不仅如此，好的氛围中，表扬的效果也会加倍。有一个很有趣的例子。

儿子 7 岁的时候，他和我一个朋友在我们家附近的一个斜坡比赛跑步，赌金是五美元。可能是因为我的朋友太胖了，冲得太猛，跑下坡的时候刹不住脚，摔倒擦伤了鼻子，血流满脸。儿子吓得立刻停了下来，跑到他身旁说："李伯伯，你不需要给我五美元了。"他觉得我朋友跌伤是因为和他比赛的缘故，他要负责，所以将功赎罪，连五美元的赌注也不要了。这是多么有人情味的举动！

当时，大家都被朋友的满脸血吓坏了，忙着给他止血、包扎、送医院，没有时间思考别的。后来在医院，等我朋友缝针时，我想到只有7岁的儿子心地那么善良，是值得表扬的。但我想表扬得有意义，使他终生难忘。于是，我当着大家的面问他："为什么你不让李伯伯给你钱呢？"

"他和我赛跑已经伤成那个样子了，我还好意思向他要钱吗？"儿子理所当然地回答。

"当然啦，"我说，"输了就该给钱。你应该这样对他说才对：'李伯伯，在你没死之前，快给我五美元的赌金吧。'"

大家（包括太太和女儿在内）都非常惊讶，为什么我会教儿子说这样冷酷无情的话呢？于是我笑着说："不用紧张，我只是开玩笑而已。家荣这次做得很对，可以看出他是一个善良的人，我为他感到骄傲。"大家都会心地笑了。因为我平常很少赞美孩子，这次少有的赞美对儿子来说比什么都甜蜜。

"间接"教育的例子不胜枚举，我们只要有机会，就会不断地去做，话题更是涉猎广泛，在这里就不再过多地赘述了。对于我们的赞美或者观点，孩子们当时可能没有任何反馈，不过他们一直在认真地听！因为我发现多年之后，他们会说出我们之前说过的话或者与我们相似的观点。所以，即使没有参与其中，他们还是被我们的观点深深地影响了。总之，我们的谈话潜移默化地影响着我们的孩子，这种"间接"的教育方法对塑造他们良好的品行有很大的帮助。因此，我认为"间接教育"是仅次于"树立好榜样"的最好的教育方法。

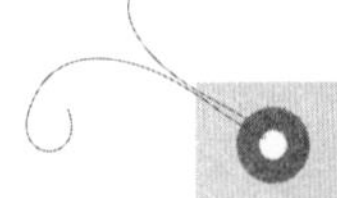

| 孩子们的反馈 |

玛诗：虽然我小时候很不喜欢长时间坐在车里，听爸爸长篇大论地讲别人的故事，可我还是很欣赏他们的这种“间接教育法”。父母没有很直白地批评过我们，我们也没有因为父母的不赞同而表现出很抵触的情绪。相反的，我都是自己在做决定，但是当时并没有意识到这是爸爸妈妈间接教育的结果。他们潜移默化地影响着我，成就了今日的我。毫无疑问，爸爸妈妈的“间接”教育方法，使我们避免了很多尴尬丢脸的场面。他们很少直接指责我们，但我们都知道他们是在告诉我们一些事情。也因为他们解释得很详细、很有道理，我们很难不默认自己的错误，从而自我反省，决心改过。

家荣：因为爸爸“直接”教我要比姐姐多，所以我反而对他的“间接”教育方法比较敏感。我一听到他拿别人的事情来说就知道是说给我们听的。在当时，我是不同意他的说法的，觉得他很挑剔，处处向坏的方向去想，容易怀疑别人。现在我在香港和大陆已经生活了十年，以前他说过的很多都成了事实，现在才知道爸爸是因为了解不同文化背景下的国家和人的差异，他并不是一个对人刻薄的人。

第4章

爱·远方

Are we lucky or what?
How We Raised Two Harvard Kids

为孩子设定高标准是很重要的，更高的目标可以激发孩子更勤奋。当然，孩子在努力的时候，作为父母，你要陪在他的身边，随时准备为他提供必要的帮助，引导他成为一个乐观积极向上的人，让他成为家人的好榜样——走向真正的成功。

目标越高，成就越大

每个人在自己的人生旅途中，都有独特的目标。甚至同一个人在不同的阶段，所追求的目标也不尽相同。就我本人而言，年轻时候比较气盛，学习要第一名，打球也要当队长，连女朋友也要最漂亮的。但现在老了，经历的事情多了，很多事情也是有心无力，所以有了更为容易达成的目标。

但我一直会给孩子设立高目标。为什么这样做？原因很简单，标准越高，孩子越勤奋，他们的成就也会越大。如果标准低，很容易达成，他们仅仅做到父母满意就可以了。有句古话说得好："求其上者得其中，求其中者得其下。"说的就是这个道理。

我们给孩子设立的高目标，不仅限于学业和打球方面，言行举止、思想品德等方面的要求也是如此，甚至这些方面的要求比学业和打球更为严格。但只去定立高标准，而不去观察孩子的进展是没有效果的。如果看见孩子坐着跟别人打招呼，或者客人离开时不随我们去送客，又或者话说得太多、太少或盛气凌人，我们就会一直看着他们，以警示他们做错了事情。这样，他们便会知道我们的不满，并立即改正。

可能是因为我有一位要求很高的父亲，在成长过程中，他不断地把我们推向极限，久而久之，自己也成了一个要求很高的人。因此，我也希望我的孩子是好学生、好运动员。记得女儿上小学后，第一次拿成绩单回来给我看，上面全是 A。我看完后就跟她说：“很好，以后就不用给我看了，除非你考了 B。”这是唯一的一次我看他们的成绩单，因为他们两个都是全 A 生。

还记得第一次被女儿的初中邀请，去参加学校为荣誉生所举行的午宴。那时，我们惊奇地看到，有的家庭不仅仅是父母，甚至爷爷奶奶都出席了。他们手捧鲜花送给他们可爱的孩子，感觉是那么的骄傲和自豪。但后来我们才知道，荣誉学生并不是我们想象的都是全 A 生，而是只要平均成绩在 B 以上就可以了。可如果我的孩子得了 B，我想我根本不会送他们鲜花！我实在没有办法理解，为什么这么多的家长们把他们的期望值设置得如此低。

家长应该给孩子定立高标准。这样，孩子们才会知道他们需要达到什么样的标准，才更有前进的方向和动力。我将这个高标准理解成为方向上的引导。教育之所以是教育，就在于其引导性，而并不是完全任由孩子去发展，那样的行为只是养育。作为家长有必要在孩子还是幼童时期帮助他们去认清人生的方向，同时告诉孩子不管是将来做什么样的事，从事什么样的职业，尽自己最大的努力做到最好，因为这是我们每个人的责任。

我们和孩子一起订立高的目标，鼓励他们勤奋努力、不断尝试，取得更好的成绩。但我心里很清楚，我并不要求他们一定要达到这些期望，也不会因为他们没达到而尽显失望。我希望看到的只是他们拼尽全力地在奋斗、努力。只要他们尽了自己最大的努力，即使结果不理想，我们还是会因此而感到欣慰和自豪的。

｜孩子们的反馈｜

玛诗：爸爸妈妈常带我们去旅行或者去外州比赛，不仅使我们开拓了眼界，学到不少书本以外的东西，也让我们看到，他们为我和弟弟的前途花了很多金钱和宝贵的时间。他们的爱和付出对我产生很大的动力，所以我做任何事都会尽我所能并且十分努力。现如今，树立高标准已经成为了我自己的一种习惯。即使他们不再为我设立高目标，我自己也会设定一个，然后全力以赴。

家荣：记得爸爸曾经开玩笑说过，如果我们的成绩得了 B，他就拿藤条教训我们。说实话，爸爸从来没有因为我们考试成绩糟糕而惩罚过我们。记得 6 年级的时候，有一次因为参加高尔夫球锦标赛而缺了几天的课，当时我并不知道有考试，所以回校后的体育课笔试小测验没有合格。当天放学妈妈接我时，我哭了。现在想起这件事还会觉得很不好意思。

回想当时的我觉得体育课的小测试使我完美无瑕的成绩单上有了一个污点，简直无法接受。20 年后的今天，我仍然能回忆起妈妈是如何陪着我去找老师，而老师当时又是多么惊讶的。讨论的结果是，那个不合格的小测试还在，不过这门课我仍然可以通过努力取得 A 的成绩。

这件事让我明白，我的父母已经成功地把高标准变成了我和姐姐的自我要求。11 岁的家荣哭泣并不是因为害怕惩罚，后来凡事很努力也不是完全为了令爸妈高兴，很大程度上是我追求卓越，不喜欢失败。因此，当我因为懒惰或者疏于准备，最终没有达到自己的要求时，我会觉得很丢脸。这也许是我奋发图强的主要动力。

所以，在我父母身上我看到的是，为孩子设定高标准是很重要的，但更加重要的是你要陪在他的身边，随时准备为他取得成功和提升自信提供必要的帮助。

理想要有“备胎”

除了为孩子设定高目标，还要做第二手的准备。人无完人，谁也不能保证一定能够实现自己的目标。所以，理想也要有“备胎”，万一无法实现，还有退路可走。

我和太太最初的愿望是让孩子成为职业高尔夫球选手，因为在我们看来那是世界上最好的工作，既能打球还能赚钱。但是慢慢地，我们觉得成功的机会很渺茫，在这条道路上只有寥寥几人功成名就，绝大多数都是以失败告终。很多当时富有激情的选手最终都沦落到去高尔夫球商店工作，赚着微薄的薪水。我们不希望这样的事情发生在自己孩子身上，因此必须未雨绸缪，为他们的未来选好“备胎”。这样，他们即使没有实现成为职业高尔夫球手的梦想，还可以有第二种选择，那就是取得著名大学的文凭。

人应该有理想，但是是否要孤注一掷，是仁者见仁，智者见智的。在实现不了的时候懂得回头，也是一种智慧。当时我们的想法是让孩子们进名校念大学，并在学校的高尔夫球队继续打球。这样，他们就又多了四年的时间，来验证自己是否能成为一名职业高尔夫球选手。如果不能，那他们至少还能得到一个含金量很高的学历去找一份好工作。既然已经定下了目标，我们便开始一步步地不断前进：给孩子们请私人教练，让他们参加青少年高尔夫球协会、私人高尔夫球俱乐部、高中的高尔夫球队，还有很多锦标赛。尤其是全美青少年高尔夫球锦标赛，有很多来自各大学的高尔夫球教练为学校挑选优秀的选手。每年夏季，我和太太两人陪着他们走遍全美参加各种锦标赛，平时每天下午、放学后、晚饭前，便陪着他们练球。见证孩子们朝着光明前途奋进，并且他们自己也乐在其中，是很有成就感和非常开心的事情。

你可能会问：“世界上这么多著名的大学，为什么你们会选择哈佛？”答案是显而易见的：哈佛是美国历史最悠久的大学，它拥有全世界第二大的图书馆，仅次于美国国会图书馆；它也是全世界第二富有的组织（第一名是梵蒂冈的罗马教廷）。有了钱、权和名誉，它还拥有最好的院系，吸引着最优秀的学生。甚至还有一些潜在的优势，例如很强大的校友关系网、最先进的设施、设备、天才们的圈子和一些其他的资源等。这就是我们为什么会建议孩子们选择哈佛的原因。当然，高尔夫不是进入哈佛的唯一敲门砖。他们选择高尔夫的原因在之前的章节已经提到过。但要想进名校，只有运动和全 A 的成绩也是远远不够的，SAT（美国学术能力评估测验）和 AP（美国大学先修课程）的成绩也要很好，同时还需要有社会实践和出色的领导才能。

我们儿子的SAT分数是100%，女儿是92%。他们修了许多AP课程（AP课程的难度是大学程度，满分是5分，比普通中学课程多1分），所以他们中学毕业时的平均成绩是5点多，超过满分4分。除了高尔夫球，他们的其他课余活动和社会服务都十分丰富。他们参加了学校和社区主办的慈善捐款运动、人口统计等活动，还被选为老师们的助手，帮助成绩落后的同学补习。

那么，高尔夫球是不是真的对孩子进入哈佛有一定的帮助？确实如此。哈佛对学生的文化课要求很高，因为其声誉吸引了很多有才华的申请者，每年都要拒绝好多优秀的高中毕业生。但是，要求优秀的高尔夫球选手同时保证很好的学业成绩是十分困难的，因为这些选手们需要很多时间来练习、来打比赛。所以美国的高中毕业生中，球打得好的大多文化课成绩不好，或者成绩好的孩子球打得一般。而我们的孩子呢，恰好两方面都很出色。而且，参加全美锦标赛使我们的孩子有机会与这些大学教练结识，这也对他们的入学起了很大的作用。为什么我们的两个孩子在这些方面表现都那么出色呢？我想，这应该与他们的学习方法有很大关系：

（一）学习目的。很多孩子的学习目的是拿好成绩、能毕业、考上大学，他们只求做好功课，熟读课本就算完满了。但我们孩子的学习目的是增长知识，充实自己。所以他们选择有挑战性的课程，除了必读的教材外，还看许多杂志、报纸和小说，更不会像有些孩子一样把时间浪费在冗长的电视剧或电子游戏上。

（二）学习方法。不少孩子做功课容易一心二用，比如一边做功课，一边看电视，或者和朋友在电话里聊天。我们的孩子玩的时间和做功课的时间是严格分开的，做功课时就像真正在考场中一样，全神贯注，而且要在一个固定的时间内完成。

（三）AP 课程。多数的美国中学生是不愿意选读

AP 课程的，因为它是大学程度，比较难，拿到满分 5 分非常不容易，如果考不好还会拉低平均分。而我们的孩子喜欢挑战困难，并且 AP 课程可以使他们更加勤奋，学习到更多的知识。

（四）SAT 练习。多数的美国中学生是在中学后期才准备 SAT 的，而且多数是买 SAT 的书或者参加专门的培训班。这样临时抱佛脚的办法很难取得好成绩。因为 SAT 的试题很广泛，包罗万象，不是读几本书，或者一朝一夕能够成功的。我们的孩子从上小学开始就广泛阅读，读书是他们从小到大一贯保持的兴趣。临近考试时买过几本 SAT 的书，上过几堂 SAT 的课，目的只是为了了解 SAT 的题目类型和积累临场考试经验。这很像陆游那句名言，“汝果欲学诗，功夫在诗外”。

（五）心情平静、保持信心是很重要的。孩子们从小习惯了考试的环境，而且学会了用最好最快的方法去答题。例如当遇到一个困难的题目，他们会暂时将这个题目放下，等到全部完成时，如果还有时间，再回过头来解决这个难题。所以，他们很少会在考试时心慌意乱。

| 孩子们的反馈 |

玛诗：我非常庆幸爸爸妈妈给我们的前程选择了一个“备胎”，如果我们没能成为职业高尔夫球选手，最起码还有一个出色的教育背景。现在的我们接受了良好的教育，并学会了如何客观地思考和表达，有机会去接触一些德高望重的人，拥有其他学校不能给予的更多的机会和开阔视野。

家荣：我也很庆幸，爸爸妈妈是实际的梦想家。我自认为是个比较聪明的人，当然，周围和我一起长大的很多孩子也很聪明、很有能力。可是因为各种各样的原因，他们中很少有人成功，可能其中的一个关键原因就是没有树立恰当的目标并为之奋斗。从某种程度上讲，考入哈佛大学的机会要比成为一个职业篮球选手的机会高得多，但是我敢打赌，操场上多数的孩子都会梦想自己成为下一个迈克尔·乔丹而不是为哈佛大学打球。我真的不敢想象如果没有进入一所好大学读书，我的命运将会怎样，但是我却真实地体会到了它带给我的诸多益处。进入哈佛需要勤奋和有自我管理的能力，现在它们已经成了我的一部分。同时，哈佛也给予了我自信，使我相信自己有能力接受各种各样新的挑战。

悉心教导是成功的关键

在书中我不止一次提到理想和成功，那真正的成功到底是什么？

孩子们四年的大学高尔夫生涯结束了，事实证明他们不适合成为职业高尔夫球选手。哈佛以学术成就著名，而高尔夫并不是它的强项。但孩子们的成就已经使我们很满意了，我们为他们感到自豪。在这里，我不想赘述他们在金钱上的成就，因为这不是这本书的重点，我反而更加关注他们个人品行上的成就，这与金钱比起来重要得多。有时候，金钱上的成就并不需要勤奋努力、自我约束或者不断地自我提高。任何一个对金钱有着极度的热情、有运气或者冷酷无情的人，都有可能成为富翁。这就是为什么我们不会认为毒贩、诈骗犯、绑匪、抢劫犯是成功者的原因；还有那些富家子弟或者中彩票的大赢家，可能我们会羡慕他们的运气，但我们也不会认为他们是成功的人。

我们认为的成功人士与金钱、地位、名誉都没有关系。巨额的银行存款、名车、豪宅、名誉并不能说明他是一个成功的人。一个成功的人应该是友好的、受人尊敬的、常帮助他人的，更重要的是，他是一个乐观、积极、向上的人，同时也是家人的好榜样。我们可以非常自豪地说，我们的孩子就是这样的人，他们没有让我们失望，也没有辜负我们对他们的教导。

很多朋友认为我们孩子的成功是源于他们的高智

商，并且总是说："他们很聪明。"但我们知道，他们的"聪明"并不是与生俱来的。他们的智商与其他正常孩子无异，他们的聪明更多地是来自后天的努力。当然，这其中需要父母的悉心教育。

从他们的婴儿时期开始，一直到长大成年，我都在不断地考验他们。现在我还保存着一些视频，里面记录了当时我考查他们的各种各样的问题。这些考查每次都会持续几个小时，从算术到单词拼写，从社会科学到自然科学，以及一些基本的常识。

给孩子提问题时，我的问题不但要有启发性，还要对他们的生活有帮助，并具有一定的趣味性。例如，他们小的时候，我会经常用糖果来提高他们对问题的兴趣。我曾经向他们提过这样的问题："我给你们每人 10 颗糖，弟弟喜欢吃，第一天就吃完了。姐姐没那么喜欢吃，第一天吃了两颗，第二天也吃了两颗。弟弟第二天没有糖吃，但他用 3 块饼干换了姐姐两颗糖来吃。现在你们两个总计还有多少颗糖呢？"

类似这样，我会用一些有趣的事物来吸引他们。刺激他们拓展知识面后，他们很快就表现得比其他孩子优秀，并自然而然地成为孩子当中的领袖。一旦尝试过做领袖的滋味，他们便会自觉地保持这种领导力，并因此去学习更多，付出更多。

| 孩子们的反馈 |

玛诗：我非常感激我的父母，通过他们耐心的引导和培养，以及给予我们的无私奉献和无尽的爱，我的个人能力和品格都得到了很好的发展。

家荣：在这一点上，我非常同意姐姐的话。还有很重要的一点，那就是爸爸妈妈从来没有拿我们和别人比较，他们认为那样是不公平的，因为每个人都是不同的个体，有不同的智商、不同的能力、不同的家庭背景、不同的机遇等等。他们很支持我们，但是要求我们自己要尽最大的努力。

同时，他们也不像很多亚裔的父母亲一样不考虑孩子们的兴趣，强迫他们去学一些很热门的专业，譬如医生、律师；或者不考虑孩子将来的生活是否快乐，逼着他们去和富二代结婚。无论是交友、职业还是婚姻，都是由我们自己来选择，我们有绝对的自由去做自己认为对的事情。那个看起来严格、不苟言笑的爸爸其实给了我们足够多的信任和尊重，更别说温柔包容的妈妈了。因此，我会永远感激他们。

第5章

摩擦

Are we lucky or what?
How We Raised Two Harvard Kids

父母是天下最难做的职业，我们希望孩子们品格良好、性情温和、身心健康、幸福快乐，恨不得把所有美好的事物都给他们。但孩子的成长是一个长期又缓慢的过程，在这个过程中，父母和孩子之间的摩擦会一直存在。如果不能很好地处理，家庭就有可能演变成硝烟弥漫的战场。

别让家庭变成没有硝烟的战场

自古以来，各个国家犹如不同的利益团体，为了各自的经济利益、领土等不断发生纷争，劳民伤财，危害极大。家庭中的每个成员都是单独的个体，彼此之间也会有各种各样的立场、看法、分歧。如果不能很好地解决，就会出现摩擦，然后演变成战争，后果会非常残酷，严重的甚至会摧毁一个家庭的幸福。

我们家虽然不可避免地也有摩擦，但幸运的是，我们都能够巧妙地将其化解，不会使其演变为冲突和战争。但是化解摩擦和冲突实属不易，我们有以下几个成功的经验和大家共享：

（一）预防工作——消除误会是预防工作的第一

步。在我们家，每个人彼此之间的沟通十分畅通，如果有疑惑一定会说清楚。如果出现彼此意见不统一的情形，也会通过努力达成一致。遇到比较敏感的事情时，每个人都要学会控制自己的情绪，避免人身攻击。如果任何一方做不到这一点，我们都会立刻停止讨论，等大家心平气和的时候再继续这个话题。如果在孩子很小的时候，家庭树立了良好的沟通模式，能够彼此理解，共同遵守家庭规则，那么在孩子成长的过程中，家庭成员彼此之间的摩擦会少很多。

（二）相互包容——化解摩擦需要相互包容。如果大家互敬互爱，能够做到站在对方的角度上思考问题，遇到问题彼此都退一步，一定能打造一个温馨、和谐的幸福家庭。

（三）父母的相互合作——我在家中是“恶人”，是让孩子害怕的角色；太太是“好人”，是让孩子敬爱的角色。当孩子们与我们的意见有分歧的时候，为了避免有直接的冲突，我都是让太太做“中间人”，间接地解决问题，这要比直接的方法效果好得多。

（四）建立威信——孩子从小便知道我是一个非常有原则的人，知道撒娇对爸爸是没有作用的。他们也习惯了我这个“恶人”角色，所以对我一直有一种敬畏心理。因此，一般我决定的事情或者制定的规则，他们都会遵守。

（五）有一个受孩子们敬爱的母亲——这是最重要的一点。一个温和有爱的妈妈，能让整个家庭都变得温暖。妈妈能和孩子们像朋友一样相处，并且值得孩子们信赖，这是减少冲突的重要因素之一。

当然，任何事情都不是绝对的。不管我们的孩子如何听话，在家里也偶尔会有小插曲发生。比如，他们的某些要求确实无法实现，心平气和地沟通后还不能改变他们的想法时，我们便会置之不理。直到他们认错道歉，不然我们是不会让步的，这样可以有效避免同类事情的再次发生。当然，这个方法最好只在孩子的儿童期使用。

随着孩子的长大，我们开始像朋友一样相处，只给他们提供参考性的意见。我比较喜欢用书信向孩子们传递我的想法。但是否采纳，由他们自己决定。

在孩子成长的过程中，我和太太一直在不断改善教育方式，但有一条至始至终一直都未变过，那就是彼此尊重。因此，虽然和孩子们偶尔也会有冲突，但都会很快消除，家庭战争也一直没有机会爆发。

父母是天下最难做的职业，我们希望孩子们品格良好、性情温和、身心健康、幸福快乐，恨不得把所有美好的事物都给他们。但孩子的成长是一个长期又缓慢的过程，在这个过程中，父母和孩子之间的摩擦会一直存在。如果不能很好地处理，家庭就有可能演变成硝烟弥漫的战场。

想像一下，因为长期不断的争吵，作为父母，我们可能会感到非常苦闷与烦躁；一旦孩子违背我们的意愿，我们就无法控制自己苦闷和烦躁的情绪，开始对他们大吼大叫；孩子不想听到这些声音，重重地摔上了房门，把自己反锁在房间里；如果他们胆子足够大，甚至会离家出走，于是我们不得不向警察求助。如此这般，家庭的幸福何在？幸运的是，我们家从来没有出现过类似的情况，一直都是安宁快乐的，几乎每天都有音乐声、欢笑声，还有孩子们和妈妈轻柔的聊天声。

因此，我希望父母们不仅要学会控制自己的情绪，还要尽早为孩子塑造好的行为习惯。如果我们有了一个好的开头，今后的沟通自然会事半功倍。也许有的父母会问，孩子已经长大了，是不是一切都太晚了呢？当然不是！教育孩子什么时候开始都为时不晚，只是可能会困难一点而已。因此，如果你的孩子还不到 8 岁，那么请你好好规划教育方针和路径，不要让他们偏离既定的方向。首先要对他们进行充分的引导，并树立一定的规则，如果违反了，就要给予适当的惩罚。但孩子们是聪明的“小恶魔”，他们知道如何能让爸爸妈妈意见相左，然后把一方“统一”到他们的战线上来。所以各位爸爸妈妈，你们要团结一致，不要在孩子面前互相攻击，也不要在背后互相抵毁。这就像一个国家，如果政府和人民不齐心协力，就无法变得强大。

当然，惩罚不是在任何时候对所有孩子都有效。这就如同一份处方药，必须对症且剂量得当才能发挥作用。有些家长通过不给零用钱、不让出门、不许看电视、不许打游戏来惩罚孩子们，我觉得这些做法欠妥。不给钱——他们的存钱罐里有很多零用钱；不许出门——他们可以在电话里和朋友聊天。因此，如果希望惩罚措施有效，就必须足够严厉且能够真正击到孩子的痛处。比如像我们的孩子，最严厉以及最有效的惩罚莫过于他们的妈妈很生气地对他们说："你们表现得这么不好，我不想和你们说话了！"这简简单单的一句话足以使孩子们乖乖听话。他们一想到自己可能会失去最好的朋友、最大的支持者，怎么能不害怕呢？

我很少与孩子发生正面冲突，只有在他们对妈妈很不礼貌的时候，我才会严肃地说："妈妈为了你们付出了很多的心血，不允许你们对她这样没礼貌！"我的话严厉又有分量，足可以使他们从不理智的情绪中清醒过来。

只要惩罚够严厉，每个孩子都会心怀畏惧。有一次，太太的两个侄子因为无视我的警告，在车上调皮捣蛋，我就停车把他们放在一条公路旁以示惩罚。开了几英里之后，觉得他们反省的时间够了，才回去接他们。再见到他们时，很明显看出他们已经意识到自己行为的失当，很懊恼很抱歉的样子。

还有一次，几个孩子跟随大人来我家做客。我们请他们一起去饭店吃午餐，但几个孩子到处乱跑、大吵大闹，严重影响到其他客人用餐，让我们很尴尬。回家后我把他们带到前院，让他们看了一棵带刺的树，并让他们摸了摸上面尖尖的刺。孩子们开始都觉得很好玩，之后便听到我严厉的警告："如果你们再到处乱跑、大吵大闹，我就脱光你们的衣服，把你们绑在这棵树上一个小时，让你们好好体会一下抱着它的感觉！"于是笑声戛然而止，孩子们一个个惨白着小脸跑掉了。从那以后，他们一个个俨然成了绅士、淑女——至少我在场时是这样的。直到有一次在高尔夫球俱乐部的晚宴上，他们不知为什么太兴奋了，显然是忘记了我的警告——他们高声叫喊着，在餐桌间相互追逐嬉笑打闹，又全然忘记了公共场合的规则。我逮到了带头的孩子，然后问他："你忘记了我给你看的那棵树啦？"他们立马安静下来。看，多简单！都不需要多说一个字。

当然，教育方法是仁者见仁，智者见智。有人认为我的方法太极端，会伤害孩子的自尊，限制了他们的创造力和心理正常发展。但我的观点是，世上没有免费的午餐，没有一种方法是绝对的好或者绝对的坏。就像古代中国治理国家需要儒法并用一样，儒家强调"仁者，爱人"，而法家则强调严格的规范。教育，也是需要刚柔并济的，更何况在我们的家庭中，我主要扮演"刚"的那一方。虽然孩子们会怕我，但是我觉得这未尝不是行之有效的手段。

第5章
摩擦

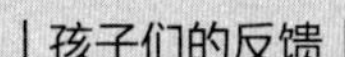

玛诗：我可以非常自豪地说我的家不是战场，而是天堂。我很少给爸爸妈妈找麻烦，仅有几次，因为那时候还很小，妈妈批评我的时候我跟她顶嘴，她很生气。不过事后我就后悔了，赶紧向她道歉。没有什么会比让妈妈生气更让我难过的了。

家荣：我的儿子现在6个月，很可爱。但是也有些小问题。他喜欢被抱着入睡，如果把他放到婴儿床里让他自己睡，就会放声大哭。也许是受爸爸妈妈的影响，我很早就开始训练儿子，希望他能独立入睡。但是这个规矩执行起来相当不容易。

成长中的烦恼

养育孩子并不是一帆风顺的，我们也经常会遇到很多问题。但是如果时刻保持警惕，就可以将问题大事化小小事化了地解决掉。下面就是我们在孩子成长过程中遇到的几个问题，和大家分享一下我们的解决方法。

问题 1：女儿第一天去学前班，放学后哭着回来说，学校里的小朋友取笑她，因此她不喜欢在美国上学，想回香港。我想，这不是一个种族歧视问题。因为学前班的孩子还没有种族的概念，更不能理解什么是种族歧视。他们取笑女儿，可能是因为在白人和西班牙裔学生居多的学校里，她是唯一一个亚裔孩子，英语讲得也不是很流畅。所以我们觉得她是因为缺乏自信，从而对学校产生恐惧感。当与小伙伴发生一些摩擦时，她就会敏感地认为别人在看低她。

大多数移民的孩子都有类似的情况。他们可能会因为自带的午餐、服装、发型、口音，或者其他一些种族特征而被别的孩子取笑。很多家长对这种事情的反应很消极，他们会因此选择住在自己种族的社区里。但是这样就会出现另外一个问题，这些孩子未来将很难融入美国社会，因为他们很少有机会接触其他民族的人，更不知道与他们如何自如地相处。所以，这些家长们采取的保护措施其实并没有从根本上解决问题，而是将问题延迟了。等这些孩子长大后，不得不选择融入美国主流社会时，问题将会再次出现。

解决方法：我们要乐观、积极、主动地面对问题、解决问题。我们先让女儿坐下来，然后慢慢地开导她，使她相信自己是非常优秀和独一无二的。比如，她可以讲两种语言，去过好多地方，还有一个温暖的家和爱她的爸爸妈妈。帮她看到那么棒的自己后，她的自信就建立起来了。

从那之后，她不仅每年都是学校里最优秀的学生，也是非常受欢迎的一个。

问题2：几年之后，我们发现儿子也出了问题，却是完全不同的问题。他开始越来越傲慢，看不起那些在学习上和在高尔夫球上不如他的孩子。于是我们开始努力地寻找原因，结果我们发现儿子骄傲的原因在于他和另外一个男孩雄霸了当地所有高尔夫青少年锦标赛。每次冠军都是在他们俩之间产生。道理很简单，并不是我们的儿子天赋过人，而是因为他有私人教练和俱乐部；而另外一个孩子也有很多的机会练习，他爸爸就是一家高尔夫球场的教练。其他的孩子就没有那么幸运了，他们除了老爸，既没有教练，更没有私人俱乐部来练球。

解决方法：我们开始限制女儿和儿子参加当地青少年高尔夫球协会（TVJGA）举办的锦标赛，而是转向参加南加州青少年高尔夫球协会（SCJGA）举办的比赛。这是美国最大的青少年高尔夫球协会之一，拥有很多顶尖的青少年高尔夫球选手，老虎·伍兹就曾经是这里的一员。在这里，选手们的球技水准非常高，比赛也很激烈。因为这里绝大多数选手都是立志或者被家长们期待成为大学校队的选手，或者职业高尔夫球运动员的。

第5章
摩擦

最初几场比赛下来，儿子的成绩很糟糕，几乎是垫底儿的。这是他从来没有经历过的，他耷拉着脑袋，看起来都要哭了。作为父母，看着他挫败、垂头丧气的样子，我们也很难过，但是我们不得不咬牙挺住。因为我们知道，这是他成长为一个更优秀、更谦虚的人所必须经历的。幸运的是，我的孩子们有一位和蔼、善解人意的妈妈。她总是安慰并鼓励他们，而且会根据他们的失利分析各种各样的原因，譬如“你从没在这个高尔夫球场打过球”，又或者“这儿好选手太多了”。最后，她还会怜爱地拍拍孩子们的肩头说：“下一次，你们会打得更好，是不是？”孩子们会点点头，情绪很快好转。

从常胜将军到失败者，从奖杯的拥有者到渴望者，儿子开始拼命地练习挥杆，房间的地毯都被他磨平了。不出所料，他的成绩上升得很快，逐渐赢得了几次锦标赛的胜利。但在SCJGA这个圈子里，他不可能像在TVJGA那样占尽优势，也没有那么多的奖杯带回家。

但重点是，他开始知道什么叫“山外青山”，于是他也不再是那个傲慢无礼的少年了。

事实上，较之其他孩子，我们的孩子很少有问题。因为我们已经有意识地规避了一些潜在的风险。为了他们，我们很慎重地挑选过邻居、孩子们读书的学校，也很仔细地筛查过与孩子们一起玩耍的朋友。我们从声名在外的富人和名人聚居地新港，搬到了名不见经传的工薪阶层聚居地蒂梅丘拉；我们放弃了私立学校，选择了公立学校——这样他们就不会从那些被惯坏的富家子弟身上学到不良习惯。同时，为了适当控制来自同龄人对他们的影响——这种影响有时容易使家长和孩子之间的对话变得困难，我们的孩子常常奔波在家、学校和高尔夫球场之间。他们忙于作业、高尔夫练习和旅行。但这并不意味着我们剥夺了他们的交友和正常社交生活的权利，从而错失成长的乐趣；相反地，他们比大多数的孩子都快乐。在学校，因为他们成绩好，又懂礼貌，深得老师和同学的喜欢；在高尔夫球俱乐部，会员们都很羡慕他们漂亮的挥杆姿势，也很喜欢他们得体的行为举止，很乐意跟他们交往；在家里，我们基本很少责骂他们，也从不指挥他们干这干那，而是给予他们充分的自由去做他们想做的事情。

问题3：他们两个处事都不太会变通，也容易相信别人，这可能是他们在一个被过度保护的家庭里长大的缘故。

在美国，给人开门、排队、绿灯亮了再过马路是很平常的事情，但世界上很多地方不一样。有一次，我们在上海旅行，我们的孩子坚持要等到绿灯亮时才过马路。但绿灯亮起时还是一样过不了马路，因为仍然有很多自行车行驶过来。

又有一次在香港，因为下雨不方便走路，我们要搭出租车。我们带着孩子站在路旁等，但孩子说我们应该站在别人的后面，因为他们是先来的。我和太太都是老香港，知道这样等出租车等到天亮都等不到。不过为了给他们一个教训，我们便听从他们的建议，站在别人后面。终于等到我们站在前面了，但每当有空位的出租车驶来时，站在路旁的人便争着跳上车去。因为下雨，搭出租车的人多，而我们习惯了排队，又有两个小孩子，跑得不如别人快，结果等了一个小时仍然无果。后来，我们转移阵地，走到了没那么多人的地方，希望有出租车出现。又过了半小时，真的有一辆车过来停在了我们前面。客人下车后，我扶着车门，准备让太太和孩子们先上车，忽然不知道从哪儿窜出来一个男的直接就跳上了车，看都不看我们一眼。

还有一次更有趣，那时儿子大概 12 岁，他忘记了我们不是在崇尚绅士风度的美国，而是在日本东京，竟然做起了小绅士来。他帮忙扶着一间百货公司的大门让我们先进去，但是人流不断，他便一直站在那里扶着大门，好像一个酒店的门卫一样。他看着我们走远了，急得大叫：“妈，不要走，我还在这里！”我们回头一看，他还在那儿扶着门，小绅士变成傻绅士了。

解决方法：我们安排姐弟俩在香港待了两个暑假，问题便迎刃而解了。

除了这几个问题外，我们的孩子也有一些小问题。例如我们女儿有收藏的癖好，她舍不得丢掉东西，什么都要收藏起来。婴儿时玩过的玩具，幼儿园时读过的书，少年时代的球衫、球帽，甚至是换掉的乳牙，她都整齐地一箱一盒地堆放在房间，把很大的一间睡房弄得水泄不通。我们的儿子呢，他比较爱拖延，什么事情都临时抱佛脚。

当然，我们做父母的不能吹毛求疵，否则就家无宁日，更不会有幸福可言了。大的问题我们要引导，小的问题还是让孩子们自己去体验、解决才好。即使是没能解决，孩子还是我们的孩子。既然我们都不是完美的父母，那么也允许他们做“不完美的小孩”吧！

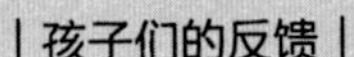

孩子们的反馈

玛诗：当时我太小了，实在不记得自己上学前班的第一天发生了什么事情，但是我记得爸爸妈妈当时的做法——他们让我坐下，很清晰地给我分析了这件事，然后又找到我的老师，拜托她多关注我一下。爸爸也经常将我的故事讲给那些讨论种族歧视的朋友听。我不知道是不是爸爸妈妈这种积极主动的行为改变了我，改变了我看世界的方式，但是他们对我们的关心，以及不懈地支持我们解决一个又一个的难题，使我终生难忘。

我承认小时候我有很多小毛病，比如有洁癖、收藏癖和吃东西过慢的习惯。爸爸妈妈只是间或地提醒我，但从没有指责我。他们知道这些小毛病需要自己去改正，无须为此产生不必要的摩擦。在大学期间，我的习惯差不多完全改了，因为在学校的食堂吃饭，吃得慢就没得吃了；同宿舍的同学不是一个爱干净的女孩子，而且功课实在是太忙了，根本没有时间打扫房间。不过收藏癖还是有的，我把东西收藏在箱子里，放假时带回家。但是结了婚之后，因为先生是个爱整齐的人，而且香港的房子太小了，我的收藏癖自然而然地消失了。

家荣：当爸爸妈妈让我参加南加州青少年高尔夫球协会，去和很多优秀的高尔夫球选手比赛的时候，我非常不高兴。因为我不仅要早上4点钟起床，还要坐很久的车去参加比赛，而且还得承受输球的挫败感。这种突然成为失败者的感觉简直让人难以忍受！但是现在回过头来看，这个决定对当时的我显然是苦口的良药，它使我明白，人外有人，天外有天，无论自己多么优秀，都会有人比自己更好；我必须学会接受，然后尽自己最大的努力做到更好，永不自满。

育儿是不可重来的旅程

在孩子成长的过程中，我们会和孩子们有这样那样的摩擦；在养育孩子的过程中，我们也会犯一些或大或小的错误，但这都将是我们最难忘的、不可重来的旅程。即使是摩擦或者不愉快 ，也都将成为我们人生中最美好的回忆。

说到育儿的错误行为，对任何一位家长来说都是不可避免的。人无完人，也没有完美无缺的父母。而且孩子在成长过程中，不仅受家庭的影响，还会接触老师、同龄人以及社会环境，这些都会时时刻刻影响着孩子。而我们的价值观不可能与其他人都一样，我们也不可能有把握地说自己所想所为是完全正确的。

孩子的成长之路不可重来，我们没有第二次机会重新尝试另一种教育方法。所以，最终留给我们的是好多好多的“如果”。

比如我和朋友在一起的时候是个很风趣的人，可是对孩子们却总是非常严肃。甚至是平时打高尔夫或者玩牌，我对他们也总是很苛刻，有时会让他们有些难堪。现在他们都长大成人了，但我却常常在想，如果当初跟孩子们能多一些风趣少一些严肃，他们会不会也把我当成朋友呢?

我是一个控制欲很强的人，喜欢表达自己的想法，有时难免会将自己的想法强加于人，不考虑别人的感受。在孩子面前，我很多次打断或者纠正太太的观点，破坏了她在孩子们心中权威的形象。还有一点我也做得不好，我总是因为很小的事情批评孩子们，希望他们日臻完美。现在想，如果我不这么做，孩子们也许会更自由更多些创造力，同时对我可能更亲近些。

除此之外，还有很多不可重来的“如果”，但是有一点我是非常肯定的——我扮演“恶人”这个角色真的很成功。我不苟言笑，非常严厉，所以孩子们都很敬畏我。同样，这也有不足之处，我和孩子们待在一起的时间也很多，但是我们的关系并不如他们和我太太一样亲密。我们之间少有肢体的亲密互动，就像我和我的父亲一样。现在他们长大成人了，虽然我很肯定他们是爱我敬我的，但是我们之间依然却很难有亲密的动作。很多时候我很羡慕我的太太，想着我为什么这么傻不去选择当“好人”这个角色，让太太去当“恶人”呢？

孩子们对我不如对太太那样亲昵，这让我感觉很遗憾。但是，他们能体会到我对他们严格要求所带来的好处，尤其是他们为人父母后。这样一想，我也知足了。

| 孩子们的反馈 |

玛诗： 爸爸是个好人，也是一位好父亲，他真的很关心我们，给我们提供最好的教育。但是他太严厉，他的教育方法有时让我们在感情上很受伤。但是，不得不说，他是一个很幸运的人——娶到了我们的妈妈，她是那么好的一个人，经常帮爸爸弥补他的不足。妈妈经常安慰我们说：“你们的爸爸是很爱你们的。”这让我们很安慰。

家荣：我和姐姐都觉得有这样的妈妈真的很幸运，没有妈妈，我们便不会有今天的成就。爸爸那样严厉又难以接近，如果没有妈妈的帮助，他不会成为一个好家长。但是我不得不承认，爸爸是个很聪明的人，经常会有很多好主意。他的远见和决断力很让妈妈折服，并且愿意跟随。他们可真是琴瑟和谐，同时作为父母来讲，确实是好搭档。

第6章

爱的馈赠

Are we lucky or what?
How We Raised Two Harvard Kids

从两个孩子呱呱坠地，到步入哈佛校园，这期间我们见证了他们成长的每一个瞬间。同时，孩子们也见证了我们是怎样为成为更好的父母而不断努力的。爱迪生说过，教育之于心灵，犹如雕刻之于大理石。我想说，教育之于父母，是为了让孩子们离他们的梦想更近。而这些，也是我们对彼此爱的馈赠。

爱的见证

对我们来说，最大的幸运是帮助孩子们发挥了他们最大的潜能。在最后，我想和大家分享一下孩子们“爱的回馈”。我敢肯定，看完之后你也一定认为我们在孩子们身上付出的一切都是值得的。

贺卡 1

亲爱的妈咪：

您是我最好的榜样，教我如何成为一个伟大的妈妈。不仅如此，您还教会我怎样做一个贴心的朋友、姐姐和贤内助。在过去的 24 年中，我看到您如何关心朋友和家人，我也立志成为像您一样坚强、独立、感情细腻、有思想的女性。

您如此优秀——漂亮、聪明、风趣、有才华，最重要的是您还有一颗善良的心。您就是世界上最好、最可爱的妈咪！祝您母亲节快乐！我爱您！

爱您的玛诗

2003年5月

贺卡2

妈妈：

祝您母亲节快乐！

有您这么好的妈妈，是我有生以来最幸运的事。也许以后的母亲节我不能陪您度过，但是我想告诉您，无论我们的距离有多遥远，我都会时时想念着您。这些年来如果没有您的爱与支持，我就不会有今天的成就。您是夜空中最明亮的那颗星，更是我在迷茫时为我指引方向的指南针。17朵玫瑰代表了这17年您对我的关怀与抚养，我选择了白色和黄色，因为它们代表着友善和温和，就如您一样。

也许过几天这些花儿会凋零，也希望妈妈不要忧伤，它们就如同逝去的年华一样，即使已成过往，但还会有更好更快乐的日子在前方等着我们。我珍惜做您儿子的每一天，您是世上最好的妈妈！

永远爱您的家荣

2003年

贺卡3

亲爱的爸爸：

今年您将度过一个没有我们陪伴的父亲节，但是身在远方的我们仍然会如以往一样想念您。平常的生活中，我和家荣都是遵照您的指导和建议做事，很多时候连我们自己都没有意识到，您对我们的影响是如此之大。

今年我们全家相聚在香港的时光多么令人难忘！虽然我们只是到处转转，可这些温馨的小事，正因我们全家人在一起而变得无比珍贵。

祝您父亲节快乐！

爱您的玛诗

2010 年

贺卡 4

爸爸：

父亲节快乐！

很高兴您和妈妈能来香港看我和玛诗。当年您和妈妈离开香港搬去美国，现在我和玛诗又回来这里工作生活，这是一件多么有趣的事情啊！在这样一个陌生的地方，正是因为您以往的教导，以及传递给我们的智慧，才使我们如此自信地开辟新的人生道路。仅是这点，足以使我永远地感激您，谢谢您，爸爸！再次祝您父亲节快乐！

爱您的家荣

2010 年

第6章
爱的馈赠

贺卡5

亲爱的爸爸：

生日快乐！

我觉得这张卡片非常适合您，虽然您一天天变老，但您也随之变得更加睿智、更受人尊敬。随着自己不断长大，我也希望自己能变得更加睿智。我越来越觉得有您这样一路引导着我是一件多么幸运的事。您的成就，还有您为玛诗和我创造的一切基础，足可以印证了您的智慧。希望在今后的人生道路上，有您的这些指导，我们能取得更多的成就。

谢谢您这些年的耐心与建议，希望今后也能继续听到您更多的建议。

爱您的家荣

2009年

Hi, Mom.

It would have been a great honor just to know such a wonderful human being, but to have been able to be your son is the greatest gift I could ever ask for. I understand that this may be the last Mother's Day that I get to spend with you, but I want you to know that whatever the distance between us, I will always be thinking of you. Without your love and support through the years, I know I wouldn't have accomplished anything. You have always been the brightest star when I was in darkness and the truest compass when I needed direction.

The seventeen roses represent the number of years you have been my Mother. I chose white and yellow roses because they represent the kindest and gentlest colors; they represent you.

And do not be sad when the

flowers eventually whither away, just
like the years have gone by. There
are bigger and happier years
ahead, and I look forward to everyday
I get to be the son of the

Happy Mother's Day
to a truly wonderful
and special Mom.

Greatest Mom in The World!

Love always,
Lawin (家荣)

贺卡2

Dear Daddy,

Even though you'll be spending Father's Day away from all of us this year, we'll still be thinking about you, like we do on any given day. Both Gawin and I carry out your life's guidance/advice in many aspects of our daily lives. Sometimes we don't even realize the impact you have on the choices we make until afterwards.

The time we've spent together as a family this year in HK has been invaluable. Even though we didn't do much together in terms of sight-seeing, it's the little things in the everyday routine that we were all a part of that counts the most.

Happy Father's Day! Love,
瑪詩賀

贺卡3

June 2010

Dad,

Happy Father's Day!

It was nice to have you spend the last couple weeks w/ Marcie and me in Hong Kong. It is interesting that you and Mom had left Hong Kong so long ago, and yet now both Marcie and I are trying to make a life for ourselves in this part of the world. I think it goes to show the support and wisdom you have given us has allowed us to explore new paths in life with confidence. For this, we will forever be grateful. Thank you, and have a great Father's Day!

Love,

家荣

贺卡4

Dear Dad,

Happy Father's Day!

I think this card is quite appropriate for you because you really are getting old. But, I think old age comes with its advantages: wisdom and respect from others around you.

As I continue to mature and get older and hopefully wiser myself, I am realizing more and more how fortunate I am to have had someone like you guide me along the way. Your wisdom is inherent in what you have achieved and the foundation that you have established for Marcie and me, and hopefully we will continue to accomplish things in life that reflects that guidance and wisdom.

Thank you for the years of patience and fatherly advice, and I look forward to much more to come!

Love,
Garvin '09

贺卡5

第6章

爱的馈赠

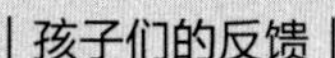

玛诗和家荣：所有写在贺卡上的话都是我们当时的真情流露，我们现在的感想仍然如此，只多不少！

爱的反馈

以下来自玛诗：

通往成功的道路有很多条，对我们来说，父母的方式无疑是最有效的。希望通过这本书，父母们可以借鉴经验，孩子可以分享我们的感受。在我们的成长过程中，爸爸妈妈结合了多方面的元素，才找到对我们最适合、最有效的方式。孩子们都有自己的性格特点，作为家长要有相应的交流技巧和远见来正向地引导。

我之所以有今天的成就和自己非常满意的生活，除了自己的努力外，很大程度上是因为我有一对明智、有责任感的模范父母。他们不但花了很多时间来耐心地培育我们，还给我们树立了很好的榜样。可惜他们的方法不是所有人都可以办得到的，包括我们自己在内。因为他们是在背景相似的家庭中长大的，他们很相爱，两人的价值观很接近，所以能在同一条阵线上合作。

现在我已为人母了，觉得他们的方法是值得效法的。看到妈妈在孩子的成长过程中的重要性，很多美国女性（包括我的很多哈佛同学在内）都走上了全职妈妈这条路。我的妈妈也是一个成功的榜样，所以我也毫不犹豫地辞去了工作，做起了全职妈妈。我尽量效仿妈妈的方法，效果也不错。我和女儿有很好的互动，并且她很健康活泼。但让我先生做“恶人”，我做“好人”这一点很难实现。因为我们两个都适合做“好人”，要恶也恶不出来。教她多种语言没问题，我教她讲广东话，我先生（他是澳洲白人）跟她讲英语。但是其他方面，例如行为、态度、礼貌等等，还需要在未来的成长道路上互相配合。

第6章
爱的馈赠

以下来自家荣：

参与这本书的写作对我们来说也是一段很有趣的经历。尤其是我现在有了自己的家庭，也想知道怎样“为人父母”。爸爸妈妈的教育方法对我的帮助很大。写作过程中，我也在不断地挖掘尘封已久的记忆，反思自己的成长历程。

应本书的作者——我爸爸的要求，我的任务是从我个人的角度对父母的教育方法做出反馈。这个任务看似简单，实则很难。我当初想的是列出每个成长阶段他们所使用的教育方法，然后指明其好处与坏处，这样会很清晰、一目了然。但最后我发现，我根本列不出来。所有的一切都是自然而然地发生，不是说某一件事是教育而某一件不是教育。父母对我们的教育已经融入我们的日常生活中，都在日常的点滴相伴中自然地发生着。

不过，我从来没有怀疑过父母的教育方法，因为有我们两个鲜活的例子。但他们的方法未必完全适合其他家庭，因为要有他们一样的夫妻档，有一个“恶人”和一个“好人”是很难的。时代和生活环境都发生了很大的变化，让一个女人去全然接受自己全职妈妈的身份，和让爸爸花很多时间在孩子身上一样，都很不容易。

我很同意他们的教育方法，但要完全照着做是不可能的。首先在教导语言方面我们就已经失败了。虽然我和太太都会讲英语、普通话和广东话，但是太太要上班，我又经常出差，只能靠菲佣来教，所以我们的儿子只会讲英语。其他方面就更难了，在离多见少的情形下，内疚已经令我们很难过了，哪还能扮起“恶人”来管教孩子呢？不容易啊！但我们也不能做不负责任的父母，任由孩子自由发展，或者全由保姆来管教。所以，我们将父母的方法进行改善，以适合我们的情况和环境，立好榜样，有弹性地去实行，希望能得到同样的效果。

第6章
爱的馈赠

说到爸爸在送我们上学路上讲的生活哲理课，我能想起好多各种各样的故事。回首自己的成长过程，有一点也是非常明确的，爸爸妈妈一直坚持着他们认为正确的生活态度和价值观，并把这些美德也融进我们的生活当中。

爸爸是一个勤奋、有担当、面对困难毫不退缩的人。我记得他经常在周末用公司的货车带着我们，挨家挨户地给客人送货。虽然他是老板，也有专门的员工来做这些投递工作，但是他很喜欢和客户们打交道。这样做既保证了家庭聚会的时间，又节约了成本。我还记得，无论他有多忙，生意的状况如何，他都会回家与我们一起吃晚饭，然后一起散步。

我仍然记得很多年前的一天早上，他的公司被临近的河渠发大水给淹了。但是，当他得知这个消息的时候表现得那么的镇定。他先带我们去吃了早饭，然后才去处理这件飞来横祸。

妈妈给我的印象一直是温柔、无私而宽容的。我们的家里经常充满了她的琴声和歌声，还经常飘着食物的香味。她总是给我们做各种各样好吃的，让我们对家里的饭菜百吃不厌。我还记得家里的电话经常是找她的，有远房的亲戚、朋友，还有长辈，因为她是那么的友善、那么的慈爱。

爸爸妈妈对他们认定的生活态度和价值观的坚持，给我和姐姐树立了很好的榜样，是我们成长过程中的最好教育，也是为人父的我现在最想效仿的。作为父母，我们的一言一行、所思所想时时刻刻影响着孩子。因为他们不仅关注我们如何为人处世，秉持什么样的态度和价值观，我们所营造出的环境氛围也对他们产生了潜移默化的影响。因为他们每天生活在这样的环境中，自然而然地会拥有相同的生活态度和价值取向。

所以，能不能全部回忆起爸爸在车上给我上的“教育课”，或者妈妈到底有多少次剪坏了我的发型，这些并不重要。重要的是，**他们一直在竭尽所能地做最好的自己，为我和姐姐树立好榜样**，这是对我们来说是最有意义的。希望我和太太也可以做到这一点。

以下来自素玲：

读了这本书，我觉得我先生陈述得还不够。我们的教育方法中，除了一些小技巧，譬如“间接教育法”，其他大部分都是普通常识，老方法。但是，如何行之有效地执行这些方法，并取得很好的成效，应该是这本书的关键。

复制我们的方法并希望达到同样的效果，这是根本不可能的事情，因为每个人的生活境遇都有不一样的地方。但是请不要灰心，条条大路通罗马，家长们可以适当地调整我们的方法，来应对自己家里的实际情况。

高先生的故事是一个很好的例子，他教孩子的方法虽跟我们不同，但也有同样好的结果。他通过以身作则树立好榜样培养出了两个优秀的孩子，真可以算是丰功伟绩了！但是，如果没有遇到金钱上的困难，他可能就没有机会展示好榜样，没有办法激励孩子们努力学习，成就孩子们的今天。如果我们遇到同样的情况，也不见得有他的成就，因为就体力、忍耐力和勇气而言，我们是不及他的。同样，如果高先生处在如我们一般典型的、富裕的中产阶级生活中的话，也未见得会成功。他可能会像很多中产阶级父母一般溺爱自己的孩子，因为他是一个很温和的人，不会像我先生一样严厉。同时，他也没有一位太太来协助。

我先生是一个很严厉、要求很高的人。有时候，我很不喜欢他跟孩子们说话的方式和他生气时脸上的表情。

虽然我知道在那个时候，我不乐意和我先生站在一条战线上。可是，我还是不得不配合他，并且做很多事后的安抚和调节工作。因为我们是一个目标一致的团队。在这个团队里，我是那个“好人”。作为家里的“好妈妈”，我帮助丈夫和孩子们消除他们之间的代沟；作为一个调解员，我帮助他们更好地了解彼此。虽然我是孩子们的好妈妈、好朋友，但这并不代表我不会像先生一样严格、严厉。如果需要，我也会提高我的声音向他们说“不”！

我还有一个给所有妈妈的建议：如果条件允许，请做一名全职妈妈。你们不知道，对于孩子来讲，在成长过程中有自己的妈妈来陪伴是多么的重要和幸福，这是任何事情都不可替代的！当初我先生建议我在家里照顾孩子，我很生气。很多人，包括我的父母都认为：“这简直是在浪费你良好的教育背景。”但是，现在我可以很坚定地说，跟孩子们一起成长成就了今天自在自足的我。我为当时的决定感到很欣慰。

回首过去，见证孩子们的成长以及与他们度过的快乐时光，无疑是我人生当中最大的亮点。我已经拥有了世界上最好的工作，这是拿什么都不会换的。

除了“直接教育法”，我和我先生还用了大量的“间接教育法”。但是我要提醒你们的是，当你们使用间接教育的方法时，一定不要让孩子们感觉到你是在故意教育他们。叙述时请务必要听起来合情合理、从实际出发、公正裁断。

我还想提醒家长的是，一定要以身做则，因为坏的言行会让孩子感觉很糟糕。如果孩子懂得很多，那他们显然会对父母失去尊敬；如果他们什么都不懂，那父母的言论无疑是在给他们进行错误的洗脑。

最后，经常与孩子保持联系也是非常重要的，尤其是他们长大以后。如果希望了解他们的想法、需求，他们是否安好，周围是否都是上进的朋友，保持良好的沟通是唯一的方法。孩子们上大学之前，我们尽可能多地待在一起，一起吃饭、一起打高尔夫、一起去看电影、一起去拜访朋友、一起旅行等。我和我先生一致认为给他们机会观察我们待人接物的方法是我们“间接教育法”中很重要的一项。看到很多家庭很少花时间待在一起，有的甚至在一个屋檐下都形同陌路，我们觉得很悲哀。没有任何交流，那孩子又能从父母身上学习到什么呢？

孩子们上大学之后，我也经常与他们保持联系。

他们每天晚上都会给我打电话，即使去了别的国家旅行也是如此，我们聊各种各样的话题。所以即使不在一个城市生活，我们也能很好地跟上对方的脚步。作为朋友，联系得越频繁，关系就越好。家庭成员之间也是如此。

做一个明智的家长

虽然我们的孩子至今还没有让我们失望，但不保证他们今后不会。就像很多事情一样，人总是会变的，我们的孩子也不例外，尤其是在他们结婚之后。这时，配偶的影响会多过父母。由于他们配偶的父母和成长环境不尽相同，价值观、行为习惯、思考方式都有可能不同。但是我们已经什么都做不了，因为我们作为父母的工作已经在他们成人的那天结束了。我们也应该让他们自己闯荡，振翅高飞，通过自己的努力去探索这个世界。让他们自己做决定，斩获成功，接受失败。无论我们将父母的角色演绎得有多成功，始终要退出他们的人生舞台。

不要尝试去帮助孩子抚养下一代，那是他们的工作和责任，不是我们的。不要抢夺他们作为父母的权利，因为这是一个痛并快乐的过程。如果从自私一点的角度来说，我们已经奉献出了很多的时间给孩子，那就不应该为他们下一代再花费时间了。我们要留出一些时间给自己和另一半，在离开这个世界之前，去做一做我们想做的事情。

即使我们有财产也不会留给孩子们，也许很多人不认同我们的观点。但我和我太太都觉得在他们成长过程当中悉心教导，给他们提供良好的教育已经足够了。过多的给予有可能会宠坏他们，使他们懒惰、缺乏足够的动机去努力工作和拼搏，更有可能剥夺了他们的成就感。

记得有一次我的父亲问我多久用一次我们的游泳池。我告诉他不是很常用，我们只是在夏季的周末用它。因为我们经常打高尔夫，再者冬天的时候水很凉。

“那太浪费了！”他说，“你为什么把钱花在不常用的东西上？！”

“这是你的钱建的吗？！”我反问道。我刚说完这句话就因为自己的不敬而感到惭愧、后悔。我发现我父亲也因为我的回答而感到很震惊，一时间说不出话来，很不高兴。

建造这个游泳池的确不是他的钱，这是事实。我敢这样回答他，也是因为我为自己的成就而感到很自豪。如果这个泳池是花他的钱建的，我绝没有胆量说出这样的话来！正是因为这件事，我意识到赋予孩子这样的“权利”是多么的重要。这种“自创”的感觉可能是一个人可以拥有的最快乐的事情。留给他们财产不仅可能会拿走他们这种“自创感权利”，更有可能会夺走他们的自尊。别人，甚至他们自己的孩子都会说：“他只是有个有钱的爸妈而已！”

最后请记住：父母的家永远是孩子的家，可是孩子的家却不是父母的。即使我们的孩子跟小时候没有任何改变，他们仍然像以往那样爱我们，可是他们的另一半和他们孩子很可能不会对我们有相同的情感。一次短时间的拜访是可以的，但是不要一厢情愿地认为我们是受欢迎的，然后久住不走。我们要时刻牢记，在孩子家里自己只是客人而已。所以也请以客人的身份来要求自己，闭上嘴，把我们的意见憋在肚子里。人老了，更喜欢说教；尤其是面对我们已经说了几十年的自己的孩子，这个习惯就更难改了。我们最好能装聋作哑，装瞎子，让自己看起来真的老得不成样子了，这样会帮我们省去很多麻烦。

对于那些现在仍然单身的人或者丁克的夫妇，也请不要难过，你们虽然没有经历过养育孩子的快乐，但同时你们也不需要经历养孩子的痛苦！最终我们都是一样的——孤独的老人，唯有一点不同的是：你们走了捷径，而我们走了弯路而已。

译者后记

Are we lucky or what?
How We Raised Two Harvard Kids

从 2014 年夏天开始翻译《通往哈佛的旅程》这本书到最终成稿历时一年半的时间。这本书的双语版早在 2015 年初便在美国上市，但是中国版在编辑凌老师的要求下，不断增加内容，力求更加详细地展示作者的教育理念和教育方法，所以这本书的中国版内容要更加丰富。

认识本书的作者陈树燊先生（下文我称呼他的英文名，安迪）和他太太陈素玲女士是一个很偶然的机会，这份偶然至今让我感恩万分。因为认识了他们，使得我和我先生找到了身边真真实实婚姻家庭和教育子女的楷模，使我们更加明确地知道我们想要的婚姻是什么样子，我们想把孩子教育成什么样子。

刚生完第一个孩子的时候，因为先生的工作很忙，又是家里主要赚钱的那个人，所以他希望我把工作辞掉，专心在家带孩子。当时我在北京的一所高中当老师，工作也很忙。我像很多的职场妈妈一样，把孩子托付给了老人。每天早晨六点半，孩子还没有醒的时候就从家里出发，晚上回来的时候，孩子又快要睡了，每天相处的时间很少。就这样每天依然坚持着，因为我爸爸曾经对我说过："作为一个女人，家里经济状况再好，也都要有一份自己的事业，有一份自己的经济来源。"那时的我对他的话深以为然，直到有一天，我送两岁的儿子去幼儿园。刚上幼儿园的分离焦虑使儿子号啕大哭，他拽着我的手说："我要找婆婆（他对外婆的称呼），我要找婆婆！”

“他不是应该找妈妈吗？”这个问题突然出现在我的脑海里。从那之后，我开始注意儿子，每当他需要妈妈时，他找的都是婆婆，而不是我这个妈妈！当我意识到妈妈这个角色在儿子成长过程中缺失的时候，我的心别提多难过了。我曾经看过一篇文章，说的是孩子最需要父母的时候就是3岁以前，3岁之前的世界里只有爸爸妈妈；之后上学了，就会有同学、有朋友，再往后还会有爱人、有自己的孩子，就不会那么需要我们了。孩子不会等我，长大了就再也回不去了，我马上就要错过他最需要我的时候了，他马上就要离开我的怀抱，慢慢地可以自己去面对这个世界了。而我的工作可以以后再做。认识到这一点，我毅然决然地辞掉了工作，全心全意地照顾陪伴我的孩子。后来来到美国，我也时刻准备着，希望等孩子稍大一些就出去做事。直到遇到了安迪和素玲，读了他们的书，我才知道孩子们需要我为他们做的更多。做一名好的全职妈妈也不比工作简单，我要有科学的教育方法，持之以恒的教育信念。后来，又见到了玛诗和家荣，他们没有眼高于顶的盛气凌人，非常温文尔雅、平易近人，不禁使我觉得“穷养富养都不如教养”这句话说的真是太有道理了！我的孩子将来不一定要有多高的学历，但一定要有教养，具有优秀品格！把三个孩子教育成为有教养、对社会有用的人，这就是我的事业！从那之后，我不再有为他们牺牲了我的工作这样的想法，只有甘之如饴，每天陪伴着他们健康快乐地成长，不断地实践、反思、再实践、再反思……

前段时间，素玲告诉我玛诗和家荣今年要回来过感恩节，玛诗还特意说要吃妈妈烤的火鸡。这让我想起了小时候爸爸妈妈为我做的那些可口的饭菜，我在外求学、工作多年，无论多少珍馐佳肴在侧，但最令我怀念的仍是家里的味道，那样的味道令人久久无法忘怀。想想我的孩子们，吃的饭都是保姆做的，等到他们长大后，关于家的记忆会不会寡淡了许多？思及至此，我辞退了保姆，改用小时工来打扫房间，孩子们的饭食全部由自己负责，希望在他们记忆中能慢慢留下妈妈的痕迹、妈妈的味道！这就是安迪和素玲榜样的作用，他们在潜移默化地影响着我！

翻译这本书的时候，安迪反复地跟我强调，这不是一本教别人如何做的书。它仅仅记录了他和太太是如何教育玛诗和家荣的。里面有他们认为很有效的方法，也有他们走过的弯路。他希望我能如实地翻译给大家，希望各位读者朋友看后能有所启发，斟酌自己的情况，取其精华。正如我自己一样，在交往中，在阅读中，在思索中，不断地调整，不断地提高，不断地自我完善！